BusinessVillage

Markus Fischer

DIE NEUE GEWALTFREIE KOMMUNIKATION

Empathie und Eigenverantwortung ohne Selbstzensur

BusinessVillage

Markus Fischer
Die neue Gewaltfreie Kommunikation
Empathie und Eigenverantwortung ohne Selbstzensur
6. Auflage 2025 / 1

Bestellnummern
ISBN 978-3-86980-468-2 (Druckausgabe)
ISBN 978-3-86980-469-9 (E-Book, PDF)

Direktbezug unter www.BusinessVillage.de, Art.-Nr. 1076

Bezugs- und Verlagsanschrift
BusinessVillage GmbH
Reinhäuser Landstraße 22
37083 Göttingen
Telefon: +49 (0)5 51 20 99-1 00
E-Mail: info@businessvillage.de
Web: www.businessvillage.de

Layout und Satz
Sabine Kempke

Autorenfoto
Bernhard Krause, www.fotografie-krause.de

Druck und Bindung
Scandinavian Book, Neustadt an der Aisch

Inhalt

Über den Autor

Markus Fischer, Diplom-Volkswirt, war auf dem wissenschaftlichen Karriereweg an der Universität, als er 1997 die Gewaltfreie Kommunikation und kurz darauf den Begründer Dr. Marshall B. Rosenberg kennenlernte. Diese Begegnung prägte seinen weiteren Weg und bis 2014 blieb er Rosenbergs Organisation verbunden. Als Pionier der Gewaltfreien Kommunikation in Deutschland ist er ein kritischer Denker geblieben. Diese Kritik führte zu seiner Distanzierung zum Mainstream, zur Weiterentwicklung der Gewaltfreien Kommunikation und schließlich zu diesem Buch.

Seit über zwanzig Jahren unterstützt er die Klärung spannungsgeladener Beziehungen und weiß von sich selbst, dass Konflikte notwendig, aber selten willkommen sind. Heute bildet er Coaches und Mediatoren auf Basis der Gewaltfreien Kommunikation aus und begleitet den Kulturwandel in Organisationen nach dem Grundsatz: Freiheit gibt es nur mit Verantwortung.

Kontakt

E-Mail: fischer@knotenloesen.com; fischer@kultur-wandeln.de

Web: www.knotenloesen.com (Ausbildung und Beratung), www.kultur-wandeln.de (Unternehmensberatung)

Einleitung – See me beautiful

»See me beautiful« by Red and Kathy Grammer

See me beautiful
Look for the best in me
It's what I really am
And all I want to be
It may take some time
It may be hard to find
But see me beautiful

Marshall B. Rosenberg (1934–2015) war klinischer Psychologe und seit den Sechzigerjahren weltweit als Berater und Konfliktmediator in sozialen Brennpunkten und Krisengebieten tätig. Er verbreitete seine Ansätze in Friedensprojekten, Universitäten, Unternehmen und Schulen und seine Arbeit fand viel Anerkennung. Rosenbergs erstes Buch *Gewaltfreie Kommunikation: Eine Sprache des Lebens*, erschien 2001 in Deutschland, wurde zum Bestseller und machte ihn über die Friedensbewegung hinaus einem breiten Publikum bekannt.

Das Lied *See me beautiful* (Sieh das Schöne in mir) kommt mir als Erstes in den Sinn, wenn ich an Marshall Rosenberg denke. Dabei sehe ich ihn vor mir, wie er auf seiner kleinen Reisegitarre mit rauer Stimme dieses Lied sang. Er war wahrlich kein überragender Sänger und auch seine Gitarre war oft verstimmt. Ich fragte mich anfangs, ob er das nicht merkte oder ob es Absicht war. Im Rückblick bin ich mir sicher, das war seine Art, einen wichtigen Aspekt der Gewaltfreien Kommunikation auszudrücken. Rosenberg wollte nie als perfekter Meister gesehen werden. Seine Botschaft war: Wenn wir friedlicher zusammenleben möchten, müssen wir lernen, die Unvollkommenheit des Menschen zu akzeptieren. In allen Menschen und vor allem in uns selbst. Wir werden nur toleranter anderen gegenüber, wenn wir auch mitfühlender mit uns selbst umgehen.

Rosenberg wollte uns lehren, verständnisvoller mit allem Menschlichen und unseren Fehlern umzugehen. Denn nur so werden wir auf dieser Erde nicht nur überleben, sondern auch gut zusammenleben können. Das Schöne im Unperfekten zu sehen, ist eine große Herausforderung. Wir Menschen verurteilen nur allzu schnell, was uns stört oder was uns fremd ist. Unvollkommenheit war für Rosenberg deswegen Programm. »Ich möchte lernen, jeden Tag ein bisschen weniger dumm zu werden.« Dieser Satz Rosenbergs verursachte meist Gelächter, aber dahinter steht eine wichtige Botschaft. Nur wenn wir wirklich Verantwortung für unsere Fehler übernehmen, können wir aus ihnen lernen.

Der Mensch ist nicht perfekt. Wir können und müssen zwischen Richtig und Falsch, Gut und Böse wählen und dabei werden wir unweigerlich Fehler machen. Mithilfe der Gewaltfreien Kommunikation können wir lernen, unsere eigene Unvollkommenheit zu akzeptieren. Wir erkennen, dass hinter allem was wir tun, immer nur unsere Bedürfnisse stehen. Alles was wir tun, ist ein Versuch unsere Bedürfnisse zu erfüllen. Bedürfnisse, die wir alle kennen und teilen, weil wir Menschen sind.

Meine Geschichte mit der Gewaltfreien Kommunikation begann 1997 in einer Fortbildung für Konfliktlösung. Als ich Marshall Rosenberg dann 1999 erstmals persönlich kennenlernte, war ich begeistert und beschloss, ab sofort nur noch *gewaltfrei* zu sprechen. Auch ich bin damals dem Anfängerfehler verfallen, zu glauben, dass man wirklich gewaltfrei reden könne – ich hatte noch viel zu lernen. Rosenbergs Art zu lehren, seine Anekdoten und Lieder, berührten etwas in mir, das ich noch nicht kannte. Damals dachte ich, ich sei so bewegt von der Tiefe und dem Potenzial der Gewaltfreien Kommunikation, zu Frieden und Verständigung beizutragen. Ja, das war ich auch, aber das war nicht alles. Ich kam vor allem zum ersten Mal wirklich mit mir selbst und meinen Gefühlen in Kontakt. Da war viel Traurigkeit, die ich schon lange mit mir herumtrug und erfolgreich ignoriert hatte. Diese Gefühle zuzulassen und zu verstehen war der Anfang meines Lernwegs. Im Laufe meiner Ausbildung erlebte ich neben Marshall Rosenberg hervorragende Trainerinnen, denen ich viel von dem verdanke, was auch in dieses Buch eingeflossen ist. Heute weiß ich, dass die Gewaltfreie Kommunikation wirklich zu Verständigung und Frieden beitragen kann, aber dass es dabei auch einige Fallstricke und Schattenseiten zu beachten gilt.

1.
Was ist neu an der neuen Gewaltfreien Kommunikation?

Marshall Rosenbergs Modell *Nonviolent Communication* entstand aus seiner Arbeit mit Bürgerrechtlern in den USA der frühen 1960er-Jahre. Später betonte er, dass er mit der Bezeichnung nicht mehr zufrieden war, weil der Begriff »gewaltfrei« missverständlich ist und es in erster Linie nicht um Kommunikation, sondern um eine Haltung geht. Rosenberg waren nicht die richtigen Worte wichtig – auch wenn das in seinem Modell auf den ersten Blick so aussieht. Er wollte einen Weg für ein menschlicheres Miteinander und gewaltfreie Konfliktlösung zeigen. Dieser Weg beginnt bei einem selbst und der Arbeit an der eigenen Haltung und Denkweise. Die Gewaltfreie Kommunikation hat paradoxerweise wenig mit der Kommunikation mit anderen zu tun. Sie ist vielmehr eine tiefgehende und vermutlich nie endende Auseinandersetzung mit dem eigenen Denken, Fühlen und Handeln. Die Veränderung muss auf der Ebene des eigenen Bewusstseins beginnen – sonst bleibt sie oberflächlich und unwirksam. Nicht ohne Grund wies Rosenberg darauf hin, dass man die Gewaltfreie Kommunikation auch manipulativ einsetzen könne. Er nannte dies scherzhaft den »Wolf im Giraffenpelz«, weil er in Seminaren oft die symbolischen Wolfs- (gewalttätig) und Giraffenpuppen (gewaltfrei) zur Demonstration verwendete.

Eine meiner Ausbilderinnen betonte, Gewaltfreie Kommunikation bedeute für sie vor allem Bewusstheit. Da ging mir langsam ein Licht auf. Es ging darum, meine eigenen Verhaltensweisen erst einmal bewusst zu verstehen. Damit musste ich auch anerkennen, dass ich häufig unbewusst handelte, aus Mustern heraus, die gar nicht so gewaltfrei waren. Das klang sehr sinnvoll, denn allmählich merkte ich, dass auch unter den Gewaltfreien wahrlich nicht alles so gut lief. Mich nervte, dass Entscheidungen in gewaltfreien Gruppen nun schier endlos dauerten, weil jeder zu allen Punkten mit seinen Befindlichkeiten gehört werden musste, was die Konzentration auf die sachlichen Fragen schwierig machte. In den Gesprächen wurden viele Gefühls- und Bedürfnisbegriffe verwendet, was nicht nur merkwürdig klang, sondern auch nichts zur Klarheit oder Verständigung beitrug. Und schnell wurde deutlich, dass es auch in gewaltfreien Kreisen Missgunst,

Antipathie und Konflikte gab, trotz aller, sicher redlichen, Bemühungen um die richtigen Worte und dir richtige Haltung.

1.1 Gebrauchsanweisung für dieses Buch

Vermutlich gehören meine Leserinnen und Leser zu einer von zwei Kategorien: Entweder sie kennen die Gewaltfreie Kommunikation noch nicht und fragen sich, ob es nicht besser wäre, erst das Original von Rosenberg kennenzulernen. Oder sie kennen die Gewaltfreie Kommunikation bereits und fragen sich, was es jetzt noch Neues zur Gewaltfreien Kommunikation zu schreiben gibt.

Allen Neulingen kann ich versichern, sie lernen in diesem Buch natürlich auch die Grundlagen, wie die »Vier Schritte der Gewaltfreien Kommunikation«, basierend auf meiner langjährigen Erfahrung in der Vermittlung der Methode. Durch den Schwerpunkt auf Persönlichkeitsentwicklung und Haltung, statt auf eine technische Vier-Schritte-Sprache, bleiben Sie von vorneherein vor einigen Fallstricken und Missverständnissen bewahrt. Sie brauchen keine neue Sprache, um Gewaltfreie Kommunikation zu lernen. Ergänzend möchte ich ausdrücklich Rosenbergs Buch *Konflikte lösen durch Gewaltfreie Kommunikation* empfehlen, ein sehr lesenswertes Interview mit ihm, das wichtige Einblicke in die Entstehung und Haltung der Gewaltfreien Kommunikation vermittelt.

Die alten Hasen interessiert vermutlich am meisten, was das **Neue** an der **neuen Gewaltfreien Kommunikation** sein soll. Im Wesentlichen werde ich die Arbeit an der Haltung und die Persönlichkeitsentwicklung wieder in den Mittelpunkt stellen. Wir werden uns dafür vertieft mit dem Thema Haltung befassen. Statt sich mit der Frage »Wie sagt man es gewaltfrei?« aufzuhalten, interessiert uns vielmehr, ob die Haltung gewaltfrei ist.

Die neue Gewaltfreie Kommunikation stellt das Individuum in den Mittelpunkt. Was macht den Menschen aus und wie kann er innerlich wachsen? Wir befassen uns mit der Frage »Wie ist der Mensch?«, um uns dann der Frage »Wie will der Mensch sein?« zuzuwenden. Um bessere Menschen zu werden, müssen wir anerkennen, wie wir wirklich sind. Die neue Gewaltfreie Kommunikation akzeptiert den Menschen in seiner Freiheit, in der Wahl zwischen Richtig und Falsch, zwischen Gut und Böse. Diese Wahl trifft der Mensch auf Grundlage seiner Persönlichkeit und Reife. Es genügt nicht, zu behaupten der Mensch sei **gut** und mit etwas gewaltfreier Rhetorik würden alle Konflikte und Probleme verschwinden.

Ich hoffe, dass meine positive Intention auch hinter den kritischen Aussagen zur Gewaltfreien Kommunikation gesehen wird. Sie sind als respektvoller Beitrag zur Weiterentwicklung der Gewaltfreien Kommunikation gedacht. Ich habe größte Hochachtung vor Rosenbergs Lebenswerk und halte es weiterhin für einen der effektivsten Ansätze im Bereich der Persönlichkeitsentwicklung. Darüber hinaus ist seine Arbeit richtungsweisend für eine Demokratie, die ihre Probleme im konstruktiven Dialog lösen muss.

1.2 Innere Arbeit, nicht nettere Worte

Ich war fünfzehn Jahre der Bewegung und der Organisation rund um die Gewaltfreie Kommunikation verbunden. Als Trainer in Marshall Rosenbergs Center for Nonviolent Communication habe ich Aufgaben in der Trainerzertifizierung übernommen, war im Vorstand eines Vereins und habe international bekannte Trainer nach Deutschland eingeladen. Über die Fehlentwicklungen einer Organisation zu schreiben, der man selbst lange angehört hat, ist immer heikel. Meine Kollegen und ich haben einige Jahre auf Fehlentwicklungen und Missstände in der Gewaltfreien Kommunikation hingewiesen. Die Erfahrung, wie innerhalb der gewaltfreien Szene mit Konflikten umgegangen wird, war lehrreich, wenn auch schmerzhaft.

Für jemanden der die Gewaltfreie Kommunikation schon kennt, aber sich wenig in diesen Kreisen bewegt, werden manche Beschreibungen schwer nachvollziehbar oder sogar unglaubhaft erscheinen. Ich versichere Ihnen, das ging mir ähnlich, als ich diesen Themen das erste Mal begegnet bin. Manche dieser Entwicklungen klingen lustig, aber aus meiner Sicht sind sie das nicht, weil dahinter eine fragwürdige Haltung steht. Nur ein kleines Beispiel dafür an dieser Stelle. Ich hatte in einer Facebook-Gruppe einen Artikel über Gewaltfreie Kommunikation veröffentlicht. Der verantwortliche Moderator dieser Gruppe, nach eigener Beschreibung ein Ausbilder in Gewaltfreier Kommunikation, hat meinen Artikel mit der Begründung gelöscht, dass meine persönliche Betroffenheit fehlen würde. Auf meine Nachfrage, was der Moderator damit meine, antwortete er: »Du musst dich in der Gewaltfreien Kommunikation immer sichtbar machen mit deinen Gefühlen und Bedürfnissen. Ich kann dich gar nicht spüren und habe keine Verbindung zu dir.« Er bezog sich darauf, dass ich nicht ausdrücklich über meine Gefühle und Bedürfnisse geschrieben hatte, die mit meinem Artikel verbunden waren.

Das ist ein Missverständnis, das meist Anfängern unterläuft. Sie denken, nur wenn man ausdrücklich von seinen Gefühlen und Bedürfnissen berichtet, wäre dies gewaltfrei, ehrlich und authentisch. Ich konnte den Gruppenmoderator leider nicht davon überzeugen, dass es an ihm liegt, und nicht an mir, wenn er meine Gefühle und Bedürfnisse nicht ohne ausdrückliche Beschreibung nachvollziehen kann.

Das ist nur ein kleines von vielen Beispielen, aufgrund derer ich eine kritische Sicht auf den Mainstream der Gewaltfreien Kommunikation entwickelt habe. Mit Mainstream meine ich auch das Verständnis und die Methodik, mit der die Gewaltfreie Kommunikation durch anerkannte Trainer in Seminaren vermittelt wird. Es ist nicht zu vermeiden, dass sich dieser Mainstream durch mein Buch kritisiert und bewertet sieht. Diese Gefahr gehe ich ein, weil mir die notwendige Weiterentwicklung der Gewaltfreien Kommunikation am Herzen liegt. Zwanzig Jahre nach Erscheinen des deutschen Grundlagenbuchs von Marshall Rosenberg sind die Fehlentwicklungen nicht mehr zu übersehen. Es braucht, wie man heute sagen würde, ein Update der Gewaltfreien Kommunikation.

2.

Wer ist eigentlich gewaltfrei?

»Ich bin doch nicht gewalttätig!«, ist eine häufige Reaktion beim ersten Kontakt mit der Arbeit Rosenbergs. Die Vermeidung körperlicher Gewalt war für Rosenberg natürlich wichtig, aber sie steht nicht im Mittelpunkt seiner Arbeit. Er befasste sich vor allem mit der gedanklichen Gewalt, die jeder Handlung vorausgeht. Ohne gedankliche Gewalt gibt es keine körperliche Gewalt. Körperliche Gewalt ist das Resultat einer Kette von Gedanken, die im Endeffekt dazu führen kann, dass wir Menschen verletzen oder ihnen noch Schlimmeres antun. Körperliche Gewalt war für Rosenberg nur das Resultat gedanklicher Gewalt, daher wollte er an der Quelle ansetzen.

Gewalttätige Gedanken kennen wir alle, auch ich. »Der geldgierige Banker gehört eingesperrt!«, »Diese faule Kassiererin sollte man feuern!« Wenn Sie in meinen Kopf schauen könnten, würden Sie wahrscheinlich erschrecken, wie gewalttätig es da zugehen kann. Zum Glück habe ich, wie die meisten von uns, gelernt, diese Gedanken nicht in die Tat umzusetzen. Interessanterweise haben wir nicht nur gewalttätige Gedanken über andere, sondern auch uns selbst gegenüber. Manche behandeln sich selbst schlechter, als sie ihre Feinde behandeln würden.

Die Ursache dieser gewalttätigen Gedanken ist eine bestimmte Überzeugung. »Wie du mir, so ich dir« könnte so eine Überzeugung sein. »Du hast es verdient zu leiden«, eine andere. »Ich habe es verdient zu leiden« wäre die Variante für die Depressionsgefährdeten. Welche auch immer, wir alle tragen diese und ähnliche Überzeugungen in uns. Sie sind Ausdruck eines Welt- und Menschenbildes oder, wie ich es nenne, eines Paradigmas.

Gewalt ist eine Reaktion auf den Zusammenstoß unseres Weltbilds mit der Realität.

2.1 Der doppelte Paradigmenwechsel

Als Paradigma bezeichne ich die unbewussten Annahmen und Überzeugungen darüber, wie die Welt und der Mensch **ist** und **funktioniert**, also unser Welt- und Menschenbild. Ein Paradigma ist so etwas wie eine Brille, durch die wir die Welt interpretieren und verstehen und die unseren Blick auf uns selbst und andere Menschen prägt. Ein Paradigma besteht aus einer Vielzahl unbewusster Erwartungen und Annahmen, über die wir nicht mehr nachdenken und die wir für selbstverständlich halten. Wir stehen morgens auf und gehen davon aus, dass die Welt sich noch dreht, der Partner den Kaffee aufsetzt und die Kollegen sich so nett wie immer verhalten. Die Welt verhält sich gemäß unserem Paradigma, unseren Annahmen und Erwartungen, alles ist so, wie es sein soll, die Welt und unsere Mitmenschen sind berechenbar, alles ist gut.

Wir können nicht ohne Paradigmen leben. Sie sind nicht verkehrt und wir können sie auch nicht loswerden. Um uns in dieser Welt zurechtzufinden, brauchen wir unbewusste Annahmen, Überzeugungen und Regeln über uns und über unsere Mitmenschen. Irgendein Weltbild tragen wir immer in uns herum, wir können die Brille, durch die wir die Welt sehen, nicht abnehmen. Aber wir können diese Paradigmen weiterentwickeln und transformieren. Dazu müssen wir uns dieser grundlegenden Wahrnehmungs- und Gedankenmuster aber erst bewusst werden.

Wenn die Welt sich so verhält, wie wir es erwarten, dann ist es leicht, sich selbst als friedlich und gewaltfrei zu bezeichnen. Aber, wenn der Chef einen ungerechtfertigterweise vor versammelter Mannschaft heruntergeputzt; wenn der geliebte Partner fremdgegangen ist; wenn die ehemals nette Kollegin einen plötzlich mobbt; wenn der sicher geglaubte Arbeitsplatz gekündigt wird, dann ist es schnell vorbei mit unserem friedlichen Weltbild. Dann kommt ein Paradigma zutage, dass uns innerhalb von Sekunden von einem friedliebenden, zivilisierten Mitmenschen zum wutschnaubenden Stier mutieren lässt.

2.2 Wenn es zwischen Weltbild und Realität knallt

Wenn unser Paradigma an seine Grenzen stößt, wenn andere sich nicht an unsere Erwartungen halten wollen, dann wird es eng mit unserem friedlichen Weltbild. Wenn wir feststellen müssen, dass unsere Annahmen darüber, was gut und gerecht ist, verkehrt sind, dann werden wir wütend und aggressiv oder depressiv und selbstzerstörerisch. Gewalt ist eine Reaktion auf den Zusammenstoß unseres Weltbilds mit der Realität.

Die Vision der Gewaltfreien Kommunikation besteht in einem zweifachen Paradigmenwandel, einem individuellen und einem gesellschaftlichen. Der individuelle Wandel besteht in der radikalen Übernahme von Eigenverantwortung für die eigenen Gedanken, Emotionen und Verhaltensweisen. Auslöser und Ursache von Gefühlen werden in der Gewaltfreien Kommunikation klar getrennt. Der Auslöser von Gefühlen liegt im Außen, aber die Ursache von Gefühlen liegt zu einhundert Prozent in uns selbst. Die Gewaltfreie Kommunikation macht einen emotionalen U-Turn indem sie uns anleitet, die Verantwortung für unsere Innenwelt und unsere Handlungen vollständig zu übernehmen. Das klingt verständlicherweise fremd und ungewohnt. Wir haben alle gelernt, dass die anderen unsere Gefühle machen und das auch wir für die Gefühle anderer verantwortlich gemacht werden. Tatsächlich hat man uns dies früh beigebracht: »Mama ist traurig, wenn du nicht aufisst.«, »Papa wird wütend, wenn du nicht aufräumst.«, »Dein Lehrer ist enttäuscht, wenn du nicht lernst.«

In seinen Seminaren machte Rosenberg diesen Paradigmenwechsel in Rollenspielen deutlich. In einer Mischung aus Lehrgespräch und therapeutischer Begleitung konnte er so vielen Menschen neue Wege für die Verbesserung ihrer Beziehungen und Klärung alter Konflikte aufzeigen. Dabei nutzte er die Vier-Schritte-der-Gewaltfreien-Kommunikation immer wieder als Hilfsmittel, um damit den Paradigmenwandel von Du-bist-Schuld hin zu Ich-übernehme-Verantwortung deutlich zu machen.

In einem Konflikt halten wir unsere Bewertungen meistens für die Wahrheit. Wie Herr S., der in einem Streit mit seiner Partnerin die Bewertung »Sie kritisiert mich ständig!« als eine Tatsache ansah. Rosenberg zeigte ihm, welchen Unterschied es macht, wenn er seine Beobachtung von den Bewertungen trennt und die Verantwortung dafür übernimmt. So erkannte Herr S., dass die tatsächliche Beobachtung, auf die er sich bezog, eigentlich lautete »Meine Partnerin hat an dem Abend zweimal eine Aussage von mir korrigiert.« Als Herr S. sich seine Gedanken und Bewertungen zu dieser Beobachtung in Erinnerung brachte, wurde ihm klar, dass die Kritik seiner Partnerin in ihm Erinnerungen an die Beziehung zu seinen sehr kritischen Eltern wachgerufen hat. Die Vermischung seiner Beobachtung mit diesen Erinnerungen führte Herrn S. schließlich zu seiner Behauptung »Sie kritisiert mich ständig«.

Wir können unsere Gedanken und Gefühle kaum kontrollieren. Unser Paradigma über die Entstehung von Gefühlen ist tief verankert. Aber wir können unsere negativen Gefühle, Bewertungen und Verhaltensweisen durch bewusste Arbeit an uns selbst verändern. Ein Paradigma wandelt sich durch stetige Bewusstseinsarbeit. Stichworte hierfür sind die Integration von Schattenseiten durch die empathische Selbstreflexion und die Biografiearbeit, auf die ich später noch ausführlicher eingehen werde.

Rosenberg wollte allerdings mehr, als den Menschen nur zu zeigen, wie sie besser für ihre Bedürfnisse sorgen und ihre Beziehungen verbessern können. Das war ihm auch wichtig, aber er hat erkannt, dass es nicht nur individuelle Ursachen sind, die uns von unseren Bedürfnissen entfremden. Die Menschen verlernen den Kontakt zu sich durch eine Sozialisierung, die es mit Konformität, Gehorsam und Autoritätsgläubigkeit übertreibt. In vielen Institutionen geht es nicht um individuelle Bedürfnisse, sondern das Individuum hat nach den Regeln und Anforderungen der Einrichtung zu funktionieren. Das wird uns in der Schule beigebracht, zieht sich durch die Ausbildung und geht dann am Arbeitsplatz weiter. Die Einordnung des Individuums in eine gemeinschaftliche Aufgabe ist in vernünftigem Ausmaß natürlich notwendig. Menschen sind bereit, ihre Freiheit sinnbringend einzuschränken, aber dafür ist eine gesunde Balance von Rechten und Pflichten notwendig. Völlige Autonomie und Freiheit sind eine Illusion. Aber wie wir heute feststellen, haben wir es mit der Unterdrückung von Individualität und Autonomie in vielen Bereichen übertrieben.

Marshall Rosenberg wollte auch diese Themen in seine Arbeit einfließen lassen. Das ist der gesellschaftliche Paradigmenwechsel der Gewaltfreien Kommunikation. Aus dieser Motivation kamen Rosenbergs teils recht radikale Aussagen zu gesellschaftlichen Themen wie »Arbeite nie für Geld!«, »Tu nie etwas, was dir keinen Spaß macht« oder »Es gibt kein Sollen und Müssen – du hast immer eine Wahl.« Diese Aussagen sollten nicht als Rezepte für ein gewaltfreies Leben verstanden werden. Sie waren Anregungen, um gesellschaftliche Denk- und Verhaltensmuster zu hinterfragen. Er wollte einen Vorgeschmack davon geben, wie eine Welt aussehen könnte, in der Menschen bewusst und selbstverantwortlich handeln. Er hatte eine Zukunft vor Augen, die auf Freiheit, Kooperation und Freiwilligkeit beruht. Eine Welt, in der Menschen für ihre Bedürfnisse eintreten und auf die Bedürfnisse anderer Menschen Rücksicht nehmen. Rosenberg hatte genug Lebenserfahrung, um zu sehen, dass dieser soziale Paradigmenwandel sicher Jahrzehnte, vielleicht Jahrhunderte dauern wird.

2.3 Ich will perfekt werden

Was bringt jemanden dazu, sich mit Gewaltfreier Kommunikation zu beschäftigen? Vielleicht motivieren Sie ja ähnliche Hoffnungen und Wünsche wie mich, als ich vor zwanzig Jahren im Rahmen einer Weiterbildung zum ersten Mal von den Vier-Schritten-der-Gewaltfreien-Kommunikation hörte. Es klang interessant, aber auch etwas merkwürdig. Man sollte jetzt nur noch sagen »Ich fühle mich … (mein Gefühl), weil ich … (mein Bedürfnis) brauche.« So redet doch niemand, dachte ich. Meine damaligen Ausbilder hatten die Methode auch gerade erst kennengelernt und noch nicht wirklich verstanden. Auf die Frage, warum ich mich mit Gewaltfreier Kommunikation beschäftige, hätte ich damals wahrscheinlich gesagt, dass sie mich aus beruflichen Gründen interessiert. Ich war Kommunikationstrainer und da muss man sich schließlich fortbilden. Die Gewaltfreie Kommunikation war gerade in und Rosenbergs Buch ein Bestseller. Aber das war nicht der wirkliche Grund für mein Interesse. Im Rückblick würde ich sagen, ich war verunsichert und auf der Suche nach einer sicheren Methode, um es Jedem immer recht machen zu können.

Ich hatte mich gerade selbstständig gemacht und die Arbeit war herausfordernd. Ich erinnere mich lebhaft an den ersten größeren Auftrag. Für eine Stadtverwaltung sollte ich ein Wochenendseminar zur konstruktiven Kommunikation halten. Auf dem Hinweg war mir schlecht vor Angst und ich hatte nur einen Gedanken: »Warum tue ich mir das an? Ich gebe nie wieder ein Seminar!«. Ich war unsicher, ob ich mit meiner Arbeit ankommen würde, ob die Teilnehmer mich respektieren würden und ob mir auf Fragen sinnvolle Antworten einfallen würden. Und das ist nur ein Beispiel für meine Unsicherheit, weitere Beispiele könnte ich aus den Bereichen Beziehung, meine Aussehen, meine Rolle als Mann und Vater und so weiter nennen.

Selbstvertrauen war nicht mein bester Freund, sagen wir es mal so. Und dann lief mir die Gewaltfreie Kommunikation über den Weg. Schon der Titel klang moralisch einwandfrei. Damit, so meine Hoffnung, ließ sich jeder Konflikt klären, ich würde selbstbewusst die eigenen Bedürfnisse erkennen und durch wohlformulierte Bitten würde ich bekommen, was ich brauchte. Ich würde alle immer verstehen und dann würden mich sicher alle mögen. Ich wollte perfekt werden – das war mein Ziel. Aber diese Perfektion sollte nur dazu dienen, mein verletztes Selbstvertrauen zu besänftigen. Dass das nicht funktionieren konnte, weil die Ursachen dafür ganz woanders lagen, war mir damals nicht bewusst. Im Rückblick kommt eine tiefe Verunsicherung meiner echten Motivation wesentlich näher als die Ausrede einer professionellen Fortbildung.

Und Sie, warum möchten Sie die Gewaltfreie Kommunikation – wirklich – lernen? Was würden Sie spontan antworten? Schreiben Sie doch einmal den ersten Grund auf, der Ihnen dazu einfällt. Und dann tauchen Sie etwas tiefer und fragen Sie sich, welche Gründe es noch geben könnte. Versprechen Sie sich berufliche Vorteile? Hoffen Sie auf eine bessere Beziehung oder ein Familienleben ohne Konflikte? Hat Ihr Partner/Ihre Partnerin es Ihnen nahegelegt? Und welche Sehnsüchte und Bedürfnisse versuchen Sie sich dadurch wirklich zu erfüllen?

2.4 Bedürfnisse sind (fast) alles

Meine kurze Geschichte lässt schon ahnen, dass auch mit Rosenbergs Methode nicht alles Friede, Freude, Eierkuchen wird. Vor allem macht sie deutlich, dass ich mir damals über meine eigentlichen Bedürfnisse überhaupt nicht klar war. Diese Bedürfnisse sind ein zentrales Element der Gewaltfreien Kommunikation und wir werden uns noch ausführlich mit ihnen befassen. Allerdings reicht die rein theoretische Betrachtung nicht aus. Man muss das Konzept der Bedürfnisse mit den eigenen, persönlichen Themen und Erfahrungen füllen. Sonst ist es wie in der Schule. Für die nächste Prüfung hat man das Wissen parat. Aber weil man keinen echten Bezug zu dem eigenen Leben hergestellt hat, ist es danach wieder vergessen. Oder wissen Sie noch, was 333 (sprich drei, drei, drei) bei Issos Keilerei passiert ist? Eben, den Spruch kenne ich noch, aber mehr auch nicht.

In meinem Beispiel war mein geringer Selbstwert auf der Suche nach einer schnellen Lösung und da schien mir die Gewaltfreie Kommunikation gerade recht zu kommen. Selbstwert ist ein wichtiges Bedürfnis in der Terminologie der Gewaltfreien Kommunikation. Die Bedürfnisse zu erkennen, ist wichtig, aber das allein reicht nicht aus. Solange wir nicht bewusst verstehen, warum gerade diese Bedürfnisse uns antreiben, sind wir weiter unseren alten emotionalen Mustern ausgesetzt. Weshalb war mein Selbstwert so hungrig? Wieso hat mich gerade die Arbeit mit Menschen so angezogen, mir aber auch so viel Angst gemacht? Um das zu verstehen, habe ich noch eine Weile gebraucht, aber diese Erkenntnis hat mir geholfen, mich selbstbewusster in meiner Arbeit auszudrücken.

2.5 Was wollen wir wirklich?

Wir verstehen oft nicht, welche Motivation hinter unseren Entscheidungen steht. Und noch weniger wissen wir, woher diese Motivation kommt. Warum wollen wir, was wir wollen? Warum tun wir, was wir tun – oder lassen, was wir lassen? Weil wir uns dessen nicht bewusst sind, tappen wir bei unseren Entscheidungen im Dunkeln. Wie können wir besser entscheiden, wenn wir gar nicht verstehen, was uns antreibt? Weil wir nicht verstehen, was wir wirklich brauchen, fliegen wir wie im Nebel und hoffen, dass die Instrumente uns bei diesem Blindflug die korrekte Richtung zeigen. Was wir verstehen müssen, um im Bild zu bleiben, die Instrumente richten sich häufig nach unseren unbewussten Zielen und Bedürfnissen. Erst wenn wir Bewusstsein in diese unbewussten Entscheidungen bringen, können wir neue, bessere Wege finden.

Wie im Beispiel von Führungskraft Frau F.: Sie opfert sich für die Firma auf, macht viele Überstunden und behauptet, dies für ihre Familie zu tun. Sie weiß, dass sie sich selbst ausbrennt, die ersten körperlichen Symptome zeigen sich bereits. Sie kann viele Gründe nennen, warum sie so viel arbeiten muss, das Haus, die Kinder, der erreichte Lebensstandard mit der Familie. »Haus, Kinder und Lebensstandard« sind keine Bedürfnisse in der Terminologie der Gewaltfreien Kommunikation. Sie sind Versuche, die eigenen Bedürfnisse zu erfüllen, also eher Strategien. Erst durch einen Blick auf ihre tieferliegenden Gefühle und Bedürfnisse wird ihr langsam klar, dass dies gar nicht die eigentliche Motivation ist. Frau F. fühlt sich zwar erschöpft, aber das ist ein Symptom, nicht die Ursache des Problems. Bei genauer Betrachtung fühlt sie sich vor allem schuldig – und versteht anfangs gar nicht, warum. Aber das Gefühl bringt sie auf die richtige Spur. Frau F.

versucht, es gegenüber dem Inhaber der Firma besonders gut zu machen. Sie hat den Eindruck, nie gut genug zu sein und sucht ständig seine Anerkennung. Diese Anstrengung, Frustration und Enttäuschung bringt Frau F. dann auf die Spur, wo die Ursache ihres Verhaltens liegt. Etwas erschrocken, stellt sie fest, dass sie ihren Chef als eine Art Vaterersatz betrachtet. Diese Erkenntnis führt zu der schmerzlichen, aber heilsamen Trauer darüber, wie sehr der eigene Vater und dessen Anerkennung tatsächlich gefehlt haben. Diese innere Klarheit und Einsicht befreien Frau F. aus einem inneren Konflikt und sie kann endlich die wichtigen Entscheidungen treffen, die schon lange anstehen, um ihre Situation zu verbessern.

Dieses Beispiel ist kein Einzelfall. Wir alle treffen unsere Entscheidungen unbewusst, weil uns unerkannte Bedürfnisse dazu motivieren. Sehr häufig sind dies auch gute und gesunde Entscheidungen. Wenn Sie durstig sind, trinken Sie. Wenn Sie unglücklich sind, weil Ihre Arbeit sinnlos ist, dann suchen Sie sich hoffentlich eine neue Tätigkeit. Aber das letzte Beispiel zeigt ein häufiges Problem. Viele Menschen sind mit Ihrer Arbeit unglücklich, kündigen aber nicht, sondern verharren darin und werden immer unglücklicher, ohne eine Entscheidung treffen zu können. In diesen Fällen tragen wir einen unbewussten inneren Konflikt zwischen verschiedenen Bedürfnissen in uns. Die Gewaltfreie Kommunikation kann uns helfen, sich über die wirklichen Bedürfnisse und deren Ursprung klarer zu werden. Und je klarer wir uns darüber sind, desto besser werden unsere Entscheidungen ausfallen.

2.6 Marshall Rosenbergs Lebensfrage

Die Gewaltfreie Kommunikation ist geprägt durch die Persönlichkeit Marshall Rosenbergs. Er wurde am 6. Oktober 1934 in Canton, USA geboren. Zeit seines Lebens war ihm die gewalttätige Seite des Menschen vertraut, er selbst war wenig zimperlich und lernte erst spät, die Wurzeln der Gewalt in sich zu erkennen und zu verwandeln. Seine Mutter, eine professionelle Bowling- und Kartenspielerin, arbeitete in einem von Banden und der Mafia geprägten Milieu. Rosenberg beschreibt seine Mutter als Frau mit Nerven aus Stahl, die ihm vermittelte, dass er nicht zimperlich sein durfte. »You got to hit them first (Du musst zuerst zuschlagen)«, erinnert sich Rosenberg. Er selbst lernte schnell, sich auch körperlich durchzusetzen, boxte in einem Verein und flog mehrmals wegen Schlägereien von der Schule. Wenn er mit Knochenbrüchen im Krankenhaus lag, nannte seine Mutter ihn einen »richtigen Jungen«. Sein Vater war Transportarbeiter, innerlich zurückgezogen und emotionslos, die Familie beschreibt ihn als »Stone Face (Steingesicht)«. Erst später auf der Highschool erlebte Rosenberg Respekt und Anteilnahme – obwohl er auch dort unter dem Antisemitismus seiner Mitschüler litt und häufig ausgeschlossen wurde.

Auf der anderen Seite herrschte in seiner Familie eine fürsorgliche Atmosphäre. Im Hause der Rosenbergs wurden mehrere Menschen von den Familienangehörigen aufopfernd gepflegt. Von seiner Großmutter und seinem Onkel spricht er mit großer Zuneigung und tiefem Respekt für ihre Menschlichkeit. Rosenberg beschreibt, dass dieser Widerspruch von Gewalt und familiärer Liebe ihn schon sehr früh beschäftigt hat und ihn dazu brachte, sich über die Ursachen von Gewalt Gedanken zu machen. Er entschloss sich zu einem Psychologiestudium und erreichte 1962 seine Zulassung als klinischer Psychologe. Rosenberg erkannte, dass er als Therapeut seinen Klienten am besten helfen konnte, wenn er empathisch auf ihre Situation einging, ohne diese übermäßig zu analysieren, aber auch, indem er ihnen zeigte, dass ihre Gefühle ein Hinweis auf ihre unerfüllten Bedürfnisse sind. Unangenehme Gefühle zeigen, dass Bedürfnisse unerfüllt sind. Und er erklärte seinen Klienten, wie sie für ihre Bedürfnisse Verantwortung übernehmen und passende Strategien finden können. Die Verknüpfung von Gefühlen und Bedürfnissen ist ein wesentliches Element der Gewaltfreien Kommunikation und wurde durch Rosenberg sehr populär. Er hat diese Idee mit besonderer Klarheit in die Therapie eingeführt, auch wenn sich dieses Element in anderen therapeutischen Ansätzen findet.

So fand Rosenberg seine Antwort für die Ursachen von Gewalt. Menschen neigen dazu, andere Menschen verantwortlich zu machen für ihre schlechten Gefühle wie Scham, Schuld, Wut und Ärger. Menschen werden gewalttätig, wenn sie im anderen Menschen die Ursache für ihren Schmerz sehen. Gewalttätigkeit war für Rosenberg im Grunde jedoch Ausdruck eines verfehlten Menschseins. Er war überzeugt, dass Gewalt vor allem durch eine ungünstige Sozialisation und kulturelle Einflüsse hervorgerufen wird und nicht der wahren Natur des Menschen entspricht.

Wenn der Mensch lernen würde, dass die Ursache seiner Gefühle nicht beim anderen, sondern in ihm selbst liegt, dann würde er erkennen, dass Gewalt kein sinnvoller Weg ist. Rosenberg war überzeugt, dass ein Mensch lieber gewaltfreie Wege wählen würde, um die eigenen Bedürfnisse zu erfüllen. So entwickelte er eine Methode, mit der er Menschen lehrte, ihre Gedanken, Gefühle und Bedürfnisse bewusst wahrzunehmen und durch konkrete Bitten Verantwortung für sich selbst zu übernehmen. Diese vier Schritte waren die Geburt der Gewaltfreien Kommunikation.

2.7 Warum nur Gewaltfreie Kommunikation?

So lässt sich die Entstehung der Gewaltfreien Kommunikation aus Rosenbergs Biografie nachvollziehen. Er, der Gewalt persönlich erlebt hat und sich der eigenen gewalttätigen Impulse sehr bewusst war, fand seine Vision und Lebensaufgabe in der Verbreitung einer Methode, die der Gewalt ein Ende bereiten konnte. Die Wirksamkeit seiner Methode hat er in jahrelanger Friedensarbeit erfahren. Nonviolence, Gewaltfreiheit, war das Fundament seiner Arbeit. Es lag also nahe, dass Rosenberg seine Methode »Nonviolent Communication« nannte.

Dennoch ist der Name »Gewaltfreie Kommunikation« aus zwei Gründen irreführend: Zum einen hat das Erlernen der Gewaltfreien Kommunikation in erster Linie mit bewusster Selbstreflexion zu tun und nicht mit der

Kommunikation mit anderen. Meiner Erfahrung nach gehen deshalb viele von der falschen Seite an den Lernprozess heran. Statt zu sich und auf die Ursache ihrer Gefühle und Bedürfnisse zu schauen, versuchen sie, sich im Gespräch verzweifelt gewaltfrei zu verhalten. Das funktioniert sehr selten und viele wenden sich dann frustriert von Rosenbergs Modell wieder ab.

Zum anderen fördert der Name das Missverständnis, dass es tatsächlich so etwas wie eine gewaltfreie Sprache mit gewaltfreien Begriffen geben könnte – dem ist nicht so. Entscheidend für die Frage »Gewaltfrei oder nicht?« ist die Intention und Haltung. Die mögliche Gewalt liegt nicht in den Worten und Begriffen, sondern in der Absicht, mit der wir kommunizieren. Dieses Missverständnis ist ein Problem, weil es die Denk- und Sprachfreiheit einschränkt – mit vermeintlich guter Absicht, aber mit schwerwiegenden Folgen. Eine Zensur von Denken und Sprechen kann und darf nicht das Ziel von Gewaltfreier Kommunikation sein.

3.
Gewaltfreie Kommunikation lernen, integrieren und leben

3.1 Die drei Lernphasen

Man kann den Lernprozess der Gewaltfreien Kommunikation in drei Phasen einteilen: Lernen, Integrieren und Leben. Diese Phasen unterscheiden sich inhaltlich und methodisch, deswegen ist es sinnvoll, sie klar zu trennen. In der ersten Phase lernen Sie die Grundlagen der Gewaltfreien Kommunikation. Dazu gehören die Vier-Schritte-der-Gewaltfreien-Kommunikation, die grundlegenden Prinzipien und Werte, die Grundlagen der menschlichen psychologischen Entwicklung sowie die Grenzen und Schattenseiten der Gewaltfreien Kommunikation. Hier ähnelt das Lernen vermutlich noch am ehesten dem, was Sie aus der Schule kennen – aber keine Sorge, es gibt keine Prüfung am Ende.

In der zweiten Phase geht es um die sogenannte Integration der Gewaltfreien Kommunikation. Mit »Integration« meine ich den Übergang von Wissen zu Erfahrung. Nach der ersten Phase kennen Sie die Gewaltfreie Kommunikation theoretisch, aber in der Praxis werden Sie feststellen, dass Sie sich weiter nach Ihren alten Mustern verhalten, dass schwierige Gespräche immer noch schwierig bleiben und Konflikte sich nicht so einfach lösen lassen. Sie verfallen trotz Ihres Wissens in die gleichen, alten Verhaltensweisen, die Sie doch eigentlich ändern wollten. Das liegt daran, dass Lernen und Integrieren der Gewaltfreien Kommunikation zwei völlig unterschiedliche Lernprozesse sind. In der Phase der Integration geht es darum, das Wissen anzuwenden und so Ihre ganz persönlichen Grenzen und Herausforderungen zu erkunden, die in Ihrer Persönlichkeit und Biografie liegen. In dieser Phase geht es vor allem um die Weiterentwicklung der eigenen Empathiefähigkeit und die Arbeit an der inneren Haltung. Praktisch geschieht dies durch eine intensive Selbstreflexion zu den emotionalen Baustellen. Diese Phase der Integration ist die längste und wichtigste im Lernprozess der Gewaltfreien Kommunikation. Da diese nicht mehr mit der Ansammlung von neuem Wissen zu tun hat, fühlt sie sich für viele ungewohnt und nicht nach Lernen an. Beim Lernen gibt es einen Unterschied von Wissen und Erfahrung. Sie können lernen, aus welchen Zutaten

Das grundlegende Problem der Gewaltfreien Kommunikation ist nicht die Methode, sondern der Anwender.

Erdbeereis besteht. Aber erst, wenn Sie Erdbeereis probiert haben, wissen Sie, wie es wirklich schmeckt.

In der dritten Phase »Gewaltfreie Kommunikation leben« haben Sie die Konzepte und Prozesse der Gewaltfreien Kommunikation so weit integriert, dass diese quasi automatisch ablaufen. Sie haben sich weiterentwickelt und denken im Alltag nicht mehr an das Konzept. Erst wenn eine neue Herausforderung, ein neuer Konflikt oder eine andere schwierige Situation ansteht und Sie merken, dass Sie innerlich ringen und keinen klaren Standpunkt finden – dann greifen Sie wieder auf das Konzept und vielleicht auch auf die vier Schritte zurück, sortieren empathisch Ihre Gedanken und Gefühle und gehen Ihren Bedürfnissen auf den Grund.

Das Ganze ist so ähnlich wie in der Fahrschule. Am Anfang mussten Sie noch nachdenken. Wann muss man kuppeln und schalten? Nach ein paar Fahrstunden haben Sie das alles automatisiert und denken nicht mehr darüber nach. Dann können Sie sich wieder auf anderes konzentrieren und werden immer sicherer beim Autofahren. So ähnlich wird es Ihnen auch mit der Gewaltfreien Kommunikation gehen, es dauert ein bisschen länger als die Fahrschule, aber am Ende werden Sie feststellen, dass Sie einen anderen Blick auf sich und auf das Leben haben – Ihre Haltung hat sich geändert. Dann leben Sie Gewaltfreie Kommunikation – so gut es eben geht und mit ständigem Weiterlernen.

Diese Phasen lassen sich nicht überspringen und es dauert von Phase eins bis drei mindestens ein bis zwei Jahre, oft auch mehr. Ich empfehle daher sehr, sich genug Zeit zum Lernen zu geben und bloß nicht perfekt gewaltfrei werden zu wollen – dann ist schon viel gewonnen.

3.2 Die vier Schritte

Die vier Schritte oder die vier Schlüsselunterscheidungen, wie sie auch genannt werden, sind sicher der bekannteste Teil der Gewaltfreien Kommunikation.

1. Schritt: Beobachtungen von Bewertungen unterscheiden
2. Schritt: Gefühle von Pseudo-Gefühlen/Bewertungen unterscheiden
3. Schritt: Bedürfnisse von Strategien unterscheiden
4. Schritt: Konkrete Bitten von Forderungen und Wünschen unterscheiden

Das Allerwichtigste gleich zuerst: Diese vier Schritte der Gewaltfreien Kommunikation dürfen Sie nicht als Sprachmodell oder rhetorisches Konzept verstehen. Beginnen Sie also bitte nicht damit, ständig von Ihren Gefühlen oder Bedürfnissen zu berichten. Es ist auch nicht immer hilfreich, andere danach zu fragen. Das klingt nicht nur, gelinde gesagt, merkwürdig, es hat auch sehr wahrscheinlich nicht die positive Wirkung, die Sie sich erhoffen.

Die vier Schritte der Gewaltfreien Kommunikation

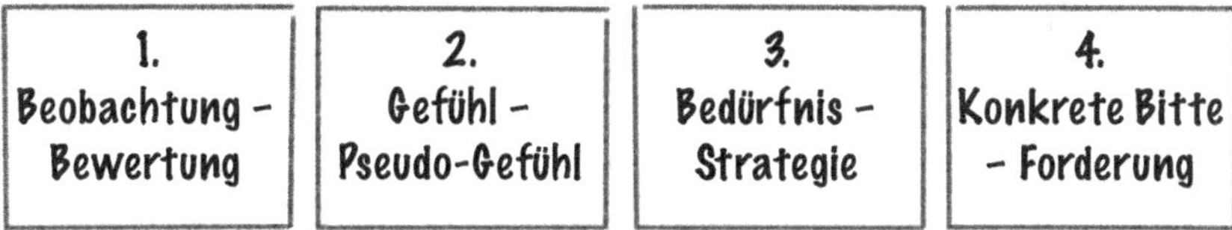

Die vier Schritte dienen der Selbstreflexion, also dem bewussten Nachdenken (und -fühlen) über Situationen, in denen Sie nicht so zufrieden mit sich selbst waren und die Sie in Zukunft besser handhaben möchten. Selbstreflexion ist nachgewiesenermaßen die effektivste Methode zur Persönlichkeitsentwicklung, also der Weiterentwicklung Ihrer Haltung, Empathiefähigkeit, Klarheit und Selbststeuerung.

Die Selbstreflexion wird dazu führen, dass Sie sich klar werden, warum Sie in bestimmten Situationen ausrasten, warum Sie manchmal ja sagen, obwohl Sie nein meinen oder warum Sie sich so oft unverstanden fühlen. Sie werden verstehen, woher Ihre Gefühle kommen und welche unerkannten Bedürfnisse sich dahinter verbergen, und wie Sie diese besser erfüllen können. So lernen Sie, immer mehr die Verantwortung für sich selbst zu übernehmen. Das ist natürlich auch für sich gesehen schon wertvoll, aber der positive Effekt geht weit darüber hinaus. Denn wenn Sie Verantwortung für sich selbst übernehmen, projizieren Sie Ihre negativen Gefühle weniger auf anderen Menschen – und das führt schließlich zu einer reiferen, erwachseneren oder eben gewaltfrei(er)en Haltung.

Für den Rest des Buchs ist es sehr wichtig, dass wir ein gemeinsames Verständnis von den vier Schlüsselunterscheidungen haben. Daher empfehle ich Ihnen, sich das Kapitel mit den vier Schritten auch dann anzusehen, wenn sie diese schon kennen.

3.3 Beobachtung oder Bewertung

Marshall Rosenberg hatte eine konfliktreiche Vergangenheit und auch die vier Schritte der Gewaltfreien Kommunikation entstanden aus der Praxis der Konfliktlösung und Mediation. In Konflikten sind es nicht die Fakten und Tatsachen, die eine Lösung so schwer machen. Es sind die schwierigen Gefühle wie Enttäuschung, Verletzung, Wut, Ärger und Hass die einen Streit eskalieren lassen und zu Gewalt führen können. Diese Gefühle werden von unseren unbewussten Gedanken und Bewertungen erzeugt. Die Behauptung, dass wir unsere Gefühle selbst verantwortlich sind, ist ein zentraler Gedanke der Gewaltfreien Kommunikation. Denn daraus folgt, dass wir für unsere Gefühle die Verantwortung übernehmen können – und nicht andere dafür verantwortlich machen dürfen. Gerade bei den schwierigen Gefühlen in Konflikten tun sich Menschen aber erfahrungsgemäß sehr schwer damit.

Das liegt daran, dass wir in solchen Momenten völlig von unseren Gefühlen eingenommen sind. Wir nehmen unsere Gedanken und Gefühle selten bewusst war und erleben nicht, wie sie entstehen und dass wir sie selbst erzeugen. Das ist meistens auch kein Problem. In langer Evolution mussten wir lernen, auf Gefahren schnell zu reagieren. Wenn da draußen etwas gefährlich war, hat uns die spontane Angst und Flucht gerettet. Dabei hat unser Gehirn gelernt, dass unsere Angst von der Bedrohung da draußen ausgelöst wird. Diese direkte Verknüpfung von Auslöser und Gefühl ist immer noch die Grundlage unserer emotionalen Reaktionen. Leider ist diese Auslöser-Gefühl-Verknüpfung für ein friedliches Zusammenleben nicht immer hilfreich. Wie ich kurz angedeutet habe, eskalieren Konflikte immer dann, wenn die Beteiligten die Verantwortung für ihre schmerzlichen Gefühle nicht übernehmen.

Um Menschen zu unterstützen, sich für ihre Gedanken und Gefühle verantwortlich zu zeigen, müssen sie erleben, wie diese entstehen. Daher gibt es in der Gewaltfreien Kommunikation die Unterscheidung von Bewertungen und Beobachtungen. Hier lernen wir, zu erkennen, dass wir gar nicht einfach beobachten, sondern alles um uns herum immer bewerten. Das ist nicht falsch oder schlimm – denn wir müssen ja bewerten, um unsere Bedürfnisse erfüllen zu können. Problematisch ist nur, wenn wir völlig unbewusst darüber sind, dass diese Bewertungen ganz aus uns selbst kommen. Unsere Bewertungen sind subjektiv und jemand anderes könnte die gleiche Beobachtung ganz anders bewerten.

In Konflikten unterscheiden sich die Bewertungen über die gleichen Fakten und Beobachtungen meist erheblich – tatsächlich ist das die eigentliche Ursache von Konflikten. Wenn die Beteiligten dann beginnen, nicht nur die Fakten, sondern die Menschen abzuwerten, eskaliert der Konflikt völlig. Daher ist die Trennung von **objektiver** Beobachtung und **subjektiver** Bewertung so wichtig. Wenn sich die Menschen gegenseitig in den unterschiedlichen, subjektiven Bewertungen respektieren können, ist schon viel gewonnen.

Beobachtung von Bewertung zu unterscheiden bedeutet nicht, dass sie nur noch in Beobachtungen sprechen dürfen und ihre Bewertungen unterdrücken sollen. Bewertungen zu unterdrücken ist unmöglich und macht auf Dauer krank. Wenn sie es versuchen, wird ihre Sprache und ihr Verhalten verkrampft und unecht. Unser Organismus bewertet immer. Diese Bewertungen nehmen wir normalerweise nur nicht bewusst wahr. Wenn Sie jetzt dieses Buch in der Hand halten, vielleicht in einer Buchhandlung oder zu Hause auf dem Sofa, dann bewertet ihr Organismus auch ständig. Ist die Umgebung sicher? Hat der Körper genug Wasser und Energie? Ist das Buch interessant? Die meisten Bewertungen werden in unserem Gehirn schnell und unbewusst vom sogenannten Mandelkern durchgeführt. Sie sollten froh sein, dass Ihr Organismus so schnell und gut bewertet, denn sonst wären Sie vermutlich nicht mehr am Leben. Sie können lernen, einige Bewertungen bewusst zu verändern, aber sie werden nicht verhindern, dass sie weiterhin bewerten.

Eine Übung zu Beobachtungen und Bewertungen

Machen Sie einmal den Versuch und schreiben Sie zu einem Konflikt oder einem schwierigen Gespräch alle Gedanken und Bewertungen auf. Das können Bewertungen über Sie selbst, die Situation oder die beteiligten Personen sein. Sie können es unzensiert aufschreiben, es liest niemand anders außer Ihnen. Dieser Punkt ist wichtig und erfahrungsgemäß gehen viele zu schnell darüber hinweg. Sie werden feststellen, dass es Zeit braucht, wirklich alle Bewertungen und Gedanken hervorzuholen. Schreiben Sie auch alle unangenehmen, peinlichen oder zu harten Bewertungen auf und erschrecken Sie nicht, falls da einige sehr gewalttätige Gedanken dabei sind.

Wenn sie alle Bewertungen aufgeschrieben haben, versuchen Sie sich zu erinnern, was die Beobachtungen waren, die zu diesen Bewertungen geführt haben. Dafür müssen wir jetzt keinen philosophischen Diskurs darüber führen, ob es reine Beobachtungen wirklich geben kann. Stellen Sie sich für diese Übung einfach vor, die Situation wurde von einer Videokamera aufgenommen. Wenn Sie diesen Film einem Dutzend Menschen zeigen, dann nennen wir das, worauf sich alle einigen können, eine Beobachtung. Sie selbst besitzen auch so eine Art innere Videokamera. Diese ist meist etwas untrainiert, aber wir können lernen, unsere Wahrnehmung von unseren Bewertungen zu unterscheiden.

Achten Sie zum Abschluss dieser kurzen Übung darauf, ob sich Ihr Gefühl zu der Situation nach dem Aufschreiben verändert hat. Wenn wir unseren Gefühlen und Gedanken freien Lauf lassen und ihnen bewusst unsere Aufmerksamkeit schenken, entspannt sich oft etwas. Diese Entspannung ist ein Zeichen dafür, dass sich ein Bedürfnis erfüllt hat. Wenn Sie das spüren, haben Sie sich gerade, wie ich es nenne, selbst Empathie gegeben. Falls Sie das Aufschreiben aber nicht entspannt hat, sondern Sie jetzt erst recht aufgewühlt oder angespannt sind, dann ist das ein Zeichen, dass da noch vieles gehört und verstanden werden möchte und noch mehr Empathie braucht. In dem Fall empfehle ich Ihnen, noch einmal zum Punkt *Bewertungen aufschreiben* zurückzukehren und sich mehr Zeit zu nehmen.

Die erste Unterscheidung im Alltag

Diese erste Unterscheidung von Beobachtung und Bewertung kann für sehr unterschiedliche Situationen hilfreich sein. Wie beispielsweise für die Führungskraft Herrn M., der einem Mitarbeiter eine Rückmeldung geben wollte, weil er fand, dieser sei nicht engagiert genug. »Nicht engagiert« ist eine Bewertung, keine Beobachtung. Auf Nachfrage stellte sich heraus, dass Herr M. nur wenige tatsächliche Beobachtungen hatte. Der Mitarbeiter hatte sich in Teamsitzungen bisher erst ein oder zweimal zu Wort gemeldet. Herr M. erkannte, dass sich seine Rückmeldung ausschließlich auf diese Beobachtung bezog und er sonst an dem Mitarbeiter nichts auszusetzen hatte. Er hatte sein Kriterium für Engagement viel zu sehr am Verhalten des Mitarbeiters in den Teamsitzungen ausgerichtet. Durch die bewusste Trennung von Beobachtung und Bewertung erkannte Herr M., dass er selbst, nicht sein Mitarbeiter, einen Fehler gemacht und voreilig geurteilt hatte. Natürlich gibt es andere Fälle, in denen Führungskräfte gerechtfertigte Kritik an ihren Mitarbeitern haben (oder umgekehrt) und diese, am besten unter vier Augen, angesprochen werden sollte. Auch dann ist es besonders wichtig, dass genaue Beobachtungen als Feedback formuliert werden. Aus Bewertungen ohne Beobachtungen lernt man wenig Neues. Wir brauchen die Fakten, um die Bewertung zu verstehen und um zu wissen, was wir verändern sollen.

Oder nehmen wir als weiteres Beispiel an, Sie haben sich entschieden, mit dem Rauchen aufzuhören. Auch dann ist es hilfreich, Beobachtung und Bewertung zu trennen. Versuchen Sie, die Beobachtungen zu finden, also die Situationen, in denen Sie sich eine Zigarette anstecken möchten. Danach fragen Sie sich, wie Sie diese Situation innerlich bewerten. Was geht in Ihnen vor, was denken Sie? Wenn Sie verstehen, wie Sie die Situation bewerten, ist das ein wichtiger Schritt, um Ihre Bedürfnisse zu verstehen, die Sie sich durch das Rauchen erfüllen wollen. Rauchen Sie vor allem in Gesellschaft und denken, dass es dazugehört? Dann war die Zigarette vielleicht einmal ein Weg, um bei Freunden Eindruck zu machen. Sind Sie gestresst und die Zigarette hilft ihnen, sich zu entspannen? Diese Bedürfnisse könnten Sie auch anders erfüllen, aber dafür ist es wichtig, erst die ursprünglichen Auslöser zu finden und zu verstehen, was unbewusst in Ihnen vorgeht, wenn Sie zur Zigarette greifen.

Dieser Schritt klingt einfacher, als er oft ist. Im Alltag funktioniert unser Organismus im Autopilot-Modus. Die allermeisten Situationen bewältigen wir unbewusst. Wir machen uns keine Gedanken darüber, wie wir die Zahnpasta auf die Zahnbürste drücken oder den Kaffee zubereiten, was schon eine recht komplexe Angelegenheit ist. Wir haben viele Tätigkeiten so oft durchgeführt, dass wir sie automatisiert haben. Das ist eine geniale Fähigkeit unseres Gehirns und spart Energie. Das ist auch der Grund dafür, dass Selbstreflexion und Persönlichkeitsentwicklung so anstrengend sind. Unser Organismus mag keine Veränderung, er versucht immer, Energie zu sparen, und so müssen Sie ihn bewusst dazu überreden. Bewusstheit verändert, ist aber auch anstrengend.

3.4 Von Gefühlen und Pseudo-Gefühlen

Im zweiten Schritt der Gewaltfreien Kommunikation tauchen wir ein in die Welt unserer Gefühle. Jeder hat Gefühle und dennoch bereiten sie oft Unbehagen. Gefühle scheinen in dieser Welt der harten Fakten und Zahlen keinen rechten Platz zu haben. Sie gelten als irrational, unkontrollierbar, chaotisch oder gar als kindisch. Auf der anderen Seite sind Gefühle im wahrsten Sinne des Wortes existenziell. Wir erfahren unsere individuelle Existenz vor allem über Gefühle. Wenn wir nicht mehr fühlen, sind wir tot, krank oder extrem überlastet.

Aber Gefühle fühlen sich leider nicht immer angenehm oder lebendig an. Sei es, dass wir einen Verlust oder Misserfolg nicht verarbeiten können und depressive Gefühle entwickeln, sei es, dass wir aus Angst vor Ablehnung soziale Kontakte vermeiden. Wenn nicht wir unsere Gefühle, sondern die Gefühle uns im Griff haben, dann können sie uns das Leben ganz schön schwer machen.

Wir können lernen, uns nicht komplett von unseren Gefühlen beherrschen zu lassen. Es geht nicht darum, Gefühle zu kontrollieren oder zu unterdrücken, sondern bewusster mit ihnen umzugehen. Eine gesunde Selbstkontrolle ist notwendig. Es macht einen großen Unterschied, ob jemand Gefühle unkontrolliert auslebt, oder authentisch und bewusst seine Gefühle wahrnehmen und angemessen ausdrücken kann. Dieser Prozess beginnt in der Kindheit, hört aber im Erwachsenenalter nicht auf. Man kann das Rosenberg-Modell auch als eine Art emotionale Selbsterziehung für Erwachsene bezeichnen. Eine Methode, die uns unterstützt, für unsere Gefühle immer mehr die Verantwortung zu übernehmen.

Mit der Verknüpfung von Gefühlen und Bedürfnissen legte Rosenberg die Grundlagen für diese Verantwortung. Die Tragweite dieser Verknüpfung wurde mir erst im Laufe der Jahre deutlich. Meine Gefühle als Ausdruck meiner Bedürfnisse zu sehen, war für mich damals eine Art Erleuchtung.

Gefühle ergaben auf einmal Sinn. In meiner Kindheit waren Gefühle ziemlich unwichtig. Ich kann mich auf jeden Fall nicht bewusst erinnern, dass mich jemand mal gefragt hätte, wie es mir wirklich geht. Durch die Rückführung meiner Gefühle auf Bedürfnisse eröffnete sich mir im wahrsten Sinne eine neue Welt. Ich konnte herausfinden, was ich wirklich brauche, wenn ich ernst nahm, wie es mir geht – faszinierend.

Wir unterscheiden in der Gewaltfreien Kommunikation echte Gefühle von Pseudo-Gefühlen. Pseudo-Gefühle sind eigentlich Gedanken oder Bewertungen. Sie lösen Gefühle aus, sind aber selbst nur ungenaue Beschreibungen von authentischen, körperlichen Gefühlen. »Traurig« bezeichne ich als ein echtes Gefühl, »ausgenutzt« als ein Pseudo-Gefühl, es ist eine Bewertung. Vielleicht fragen Sie sich, ob es jetzt doch um die richtigen Worte geht, die man benutzen darf. Da kann ich Sie beruhigen, darum geht es nicht. Wir unterscheiden echte Gefühle von Pseudo-Gefühlen, um innerlich Klarheit zu gewinnen. Bei echten Gefühlen liegt der Fokus bei uns selbst und wir übernehmen Verantwortung für unsere Reaktion.

Wie entstehen Gefühle?

Gefühle werden im Verständnis des Rosenberg-Modells von unseren Bedürfnissen verursacht. Gefühle deuten darauf hin, dass unser Organismus ein Bedürfnis als erfüllt oder unerfüllt interpretiert – man kann auch sagen: Gefühle sind die Sprache Ihrer Bedürfnisse. Vielleicht irritiert Sie der Begriff »interpretiert«? Unser Organismus analysiert und bewertet ständig die Umwelt. Gefühle sind deswegen eine subjektive Interpretation und nicht die Wahrheit. Was Sie fühlen, es ist eine Bewertung der Realität aufgrund Ihrer Bedürfnisse. Andere können die gleiche Situation anders interpretieren und daher zur selben Situation andere Gefühle entwickeln. Aber auch Sie selbst können die gleiche Situation sehr unterschiedlich wahrnehmen und interpretieren – und sehr unterschiedlich empfinden.

Stellen Sie sich vor Sie fahren auf die Autobahn und kurz darauf geraten Sie in einen Stau. Können Sie sicher vorhersagen wie Sie sich fühlen werden? Nein, denn wenn Sie auf dem Weg in den Urlaub sind, werden Sie sich anders fühlen, als wenn Sie in einer Stunde einen wichtigen Termin haben. Noch ein Beispiel: Zu Beginn meiner Selbstständigkeit habe ich immer wieder Vorträge in einer Volkshochschule gehalten. In einem meiner ersten Vorträge kam ich erwartungsvoll in den Raum und es waren nur zwei Zuhörer da. Ich war sehr enttäuscht. Ein Jahr später kam ich zum gleichen Vortrag wieder in denselben Raum. Diesmal saß ... niemand im Raum. Zwei ähnliche Situationen – also muss ich mich doch ähnlich gefühlt haben, oder? Weit gefehlt. Beim zweiten Vortrag war ich regelrecht erleichtert, als ich sah, dass der Raum leer war. Denn ich hatte schon einen ganzen Tag Seminar hinter mir, war sehr müde und daher froh, dass der Vortrag dann tatsächlich ausfiel. Gleiche oder sehr ähnliche Situationen können also völlig unterschiedliche Gefühle hervorrufen.

Selbstverantwortung – Auslöser und Ursache für Gefühle unterscheiden

Das führt uns zu einem wichtigen Thema: Selbstverantwortung. Das Rosenberg-Modell will die Menschen zu mehr Verantwortung führen. Gesunde Erwachsene sind für ihre Bedürfnisse selbst verantwortlich. Da Gefühle die Signale der Bedürfnisse sind, ist auch hier die Verantwortlichkeit klar: Wir sind zu hundert Prozent selbst verantwortlich für unsere Gefühle, denn sie haben zwar einen Auslöser (die Beobachtung), aber die Ursache für Gefühle liegt in uns selbst. So kann uns niemand wütend machen oder durch Worte verletzen, das können wir nur selbst. Wenn wir auf etwas mit Wut oder Verletzung reagieren, dann macht uns nicht die Beobachtung wütend, sondern unsere Bewertungen darüber. Das mag auf den ersten Blick hart klingen, aber es ist eigentlich stärkend und ermutigend. Denn es bedeutet, dass wir unseren Gefühlen nicht ausgeliefert sind. Auch wenn wir keine direkte Kontrolle über Gefühle haben, so können wir unsere emotionalen Reaktionen doch über Bewusstheit beeinflussen und verändern.

Eine Übung zu Gefühlen und Pseudo-Gefühlen

Bewusstheit über unsere Gefühle entsteht nur durch Übung und Selbstwahrnehmung. Nehmen Sie das Gefühl »traurig«. Wenn Sie so ähnlich funktionieren wie ich, dann können Sie dieses Wort auch ohne jede innere Berührung aussprechen. Versuchen Sie das einmal. Suchen Sie sich einen Ort, an dem Sie allein sind und sprechen Sie einmal das Wort »traurig« aus, ganz kopfig, ohne jedes Gefühl – und nehmen Sie wahr, wie sich das anfühlt. Und danach erinnern Sie sich an eine Situation, in der Sie traurig waren. Vielleicht das Ende eines schönen Urlaubs oder eine traurige Nachricht. Nehmen Sie wahr, wie sich diese Trauer im Körper wirklich anfühlt und sprechen Sie dann das Wort »traurig« aus. Merken Sie den Unterschied? Den meisten Menschen fällt es auf, wenn man Gefühle unverbunden, kopfig, wie im ersten Fall oder verbunden ausspricht, wie im zweiten Fall.

Eine gute Übung für den Anfang wäre es, sich einmal alle Gefühle aufzuschreiben, mit denen Sie wirklich eine gefühlte Erfahrung verbinden. Mit »wütend« oder »frustriert« können Sie bestimmt etwas anfangen. Aber wissen Sie wie sich »hungrig« anfühlt? Vielleicht kennen Sie das Gefühl gar nicht mehr, weil wir heute meist Nahrung im Überfluss haben. Sie finden keine Erfahrung zu einem Gefühl? Kein Problem, dann lassen Sie es weg. Schreiben Sie einfach alle Gefühlsbegriffe auf, die Sie als echte Gefühle in sich wahrnehmen und beschreiben können.

Prüfen Sie dabei, ob der Begriff eine Interpretation oder Gedanken über andere enthält. Bei manchen Gefühlen ist das ziemlich eindeutig. Mit Begriffen wie »betrogen«, »ausgenutzt«, »hintergangen«, »missverstanden« drücken wir eine Bewertung oder Interpretation darüber aus, was der andere mit uns gemacht hat. In diesen Fällen können Sie sich fragen, wie Sie sich fühlen, wenn Sie denken, Sie wurden ausgenutzt oder missverstanden.

Bei manchen Begriffen ist es nicht so eindeutig. »Verletzt« ist so ein Fall. Es kann eine Bewertung über jemanden sein, der Sie verletzt hat. Es kann aber auch ein echtes Gefühl ausdrücken. Wie gesagt, es gibt keine DIN-Norm für Gefühle. Und wenn es Ihnen einmal wirklich schwerfällt, wahrzunehmen, wie Sie sich fühlen – dann trinken Sie eine große Flasche Wasser und warten Sie, bis Sie zur Toilette müssen. Spüren Sie den Druck auf die Blase – ein Gefühl! Das klingt jetzt vielleicht lustig, aber das meine ich ganz ernst. Jeder gefühlte echte Kontakt zu Körpersignalen ist ein Weg, wieder mehr in den Körper zu kommen und etwas zu spüren.

Eigentlich ist das mit diesen Gefühlen nicht so schwierig. Wenn Sie in der Übung eben einen Unterschied bemerkt haben, dann können Sie sicher sein, dass Sie Gefühle wahrnehmen und ausdrücken können. Das Problem mit den Gefühlen liegt häufig weniger darin, dass wir nichts fühlen, sondern dass wir nicht wirklich fühlen wollen, was wir eigentlich fühlen.

Wenn Ihr Partner (oder Ihre Partnerin) sie auf eine Art kritisiert, die Sie trifft, dann fühlen Sie sich verletzt, es tut weh. Aber sehr häufig wollen Sie das in dem Moment weder fühlen noch ausdrücken, weil Sie stark sein wollen und weil sie sich für diese Schwäche schämen. Dann setzt ein Kreislauf aus weiteren Gedanken und Gefühlen ein. Sie werden vielleicht wütend auf Ihren Partner, weil er Sie verletzt hat, dann werden Sie wütend auf sich selbst, weil Sie sich ärgern, dass Sie so schwach sind. Und innerhalb von ein paar Sekunden haben Sie ausgehend von einer emotionalen Verletzung eine Vielzahl anderer Gefühle erlebt – die Sie in dem Moment alle nicht haben wollen.

Die Fähigkeit, die eigenen Gefühle zu unterdrücken müssen wir alle in der Kindheit lernen. Es gäbe ein komplettes Chaos, wenn alle Gefühle unzensiert und ungefiltert nach außen dringen würden. Nur lernen wir leider als Kinder nicht, wie wir mit den unterdrückten Gefühlen dann später umgehen sollen. Das ist ein Problem, denn diese Gefühle verschwinden nicht, sondern suchen sich andere Wege. Dieses innere Gefühlschaos ist oft der Grund dafür, dass Menschen sagen, sie würden nichts fühlen. Eigentlich fühlen sie dann zu viel von allem, was sie nicht wollen. Hier hilft nur Geduld mit sich selbst und manchmal braucht man eine verständnisvolle Unterstützung durch das innere Dickicht der Gefühle wie einen empathischen Coach oder Therapeuten.

3.5 Über Bedürfnisse und Strategien

»Gefühle sind die Kinder der Bedürfnisse« – mit diesem Zitat weist Rosenberg auf die enge Verknüpfung der Gefühle mit menschlichen Bedürfnissen hin. Unangenehme Gefühle zeigen unerfüllte Bedürfnisse, angenehme Gefühle weisen auf erfüllte Bedürfnisse hin. Bedürfnisse werden oft als das Herz der Gewaltfreien Kommunikation bezeichnet und ein fundiertes Verständnis von Bedürfnissen ist wirklich wichtig.

Es gibt nicht die eine richtige Definition von Bedürfnissen, man kann sie aus unterschiedlichen Perspektiven betrachten. Ich zeige Ihnen hier drei Definitionen von Bedürfnissen, die unterschiedliche Schwerpunkte haben.

1. Bedürfnisse sind die Motivation unseres Handelns. Sie beschreiben das Wofür oder Wozu. Menschen wollen immer ihre Bedürfnisse erfüllen. In diesem Sinne handeln wir also immer egoistisch. Wobei wir auch soziale Bedürfnisse haben. Wir fühlen uns auch gut, wenn wir anderen etwas Gutes tun.

2. Alle Menschen, unabhängig von Geschlecht, Alter, Herkunft, Kultur, Glaube haben die gleichen Bedürfnisse. Wenn wir darüber nachdenken, was alle Menschen zum Leben brauchen, beschreiben wir Bedürfnisse. Bedürfnisse verbinden uns auf grundlegende Weise, auf dieser Ebene sind wir Menschen alle gleich.

3. Alle Lebewesen haben Bedürfnisse. Bedürfnisse sind ein Ausdruck von Leben. Pflanzen, Tiere und Menschen haben Bedürfnisse. Menschen teilen einige Bedürfnisse mit Pflanzen (zum Beispiel Wachstum), einige mit Tieren (zum Beispiel Bewegung, soziale Zugehörigkeit) andere sind ein spezieller Ausdruck des Menschseins (zum Beispiel Sinn, Spiritualität, Transzendenz). Diese Definition von Bedürfnissen verbindet uns mit allem Leben.

Wie Sie sehen, kann man Bedürfnisse unterschiedlich tief oder umfassend verstehen: Egoistisch nur auf sich selbst gerichtet, auf alle Menschen bezogen oder sogar auf alles Leben.

Die Bedürfnisse des Menschen

Bitte verstehen Sie die folgende Aufzählung nicht als vollständig. Worte sind immer nur eine ungenügende Beschreibung dessen, was wir Menschen als unsere Bedürfnisse erleben – und das Erleben ist wichtiger als die richtigen Worte.

Körperliche Bedürfnisse

- Leben (Nahrung, Luft, Licht)
- Schutz/Sicherheit
- Erholung

Seelische Bedürfnisse

- Geborgenheit
- Selbstwert
- Selbsterhalt
- Autonomie

Soziale Bedürfnisse

- Zugehörigkeit
- Vertrauen
- Anerkennung
- Unterstützung

- Verständnis
- Beitragen

Geistige Bedürfnisse
- Sinn
- Orientierung
- Transzendenz

Welche Bedürfnisse fallen Ihnen zu den einzelnen Kategorien noch ein?

Die Entdeckung der Bedürfnisse hat mein Leben und meine Wahrnehmung der Umwelt sehr beeinflusst. Mir wurde klar, dass ich mir meiner Bedürfnisse bisher gar nicht bewusst war. Ich wusste oft nicht, warum ich etwas tat oder nicht tat. Die Aussage Rosenbergs »Menschen erfüllen sich immer nur ihre Bedürfnisse« war ein Augenöffner für mich. Ich begann meine Mitmenschen und mich in einem völlig neuen Licht zu sehen. Selbst die schwierigsten und scheinbar unerklärlichen Verhaltensweisen sind nur ein Versuch, sich Bedürfnisse zu erfüllen. Ich konnte endlich eigene, frustrierende Probleme, mit denen ich zu kämpfen hatte, besser verstehen. So war Ernährung für mich immer ein Problem, bis ich verstanden habe, dass Essen für mich nicht nur körperliche Versorgung war, sondern vor allem auch ein Mittel zu Selbstberuhigung und Belohnung, das ich mir in einer schwierigen Zeit angewöhnt hatte.

Die wichtigste Unterscheidung, wenn wir über Bedürfnisse sprechen, liegt in der Abgrenzung von Handlungen oder Strategien. Eine Strategie ist ein Versuch, die eigenen Bedürfnisse zu erfüllen. Bedürfnisse von Strategien zu unterscheiden, war für mich eine befreiende und lehrreiche Entdeckung. Nähe und Zugehörigkeit sind Bedürfnisse, ein Abendessen mit Freunden ist eine Strategie, also ein Versuch, diese Bedürfnisse zu erfüllen. Eine Strategie kann alles Mögliche sein, ein Gegenstand, ein Verhalten, ein Wunsch. Bedürfnisse bleiben immer gleich, Strategien verändern sich je nach Umständen, Kultur, Alter, Geschlecht und so weiter.

Gewalt zeigt sich nicht in der Vermeidung bestimmter Begriffe, sondern in der Haltung, mit der sie verwendet werden.

Die Unterscheidung von Bedürfnissen und Strategien

Bedürfnisse werden innerlich, individuell, subjektiv gefühlt, wohingegen Strategien äußerlich, objektiv und real sind. Einfacher gesagt: Alles, was Sie da draußen wahrnehmen können, sind Strategien. Bedürfnisse finden Sie nicht da draußen, sondern nur in sich selbst. In der Gewaltfreien Kommunikation verstehen wir Bedürfnisse als universell, unabhängig von Kultur, Alter, Geschlecht oder Herkunft. Alle Menschen brauchen Schutz, Nahrung, Geborgenheit, Zugehörigkeit und so weiter. Die Strategien, wie Menschen sich diese Bedürfnisse erfüllen, unterscheiden sich dagegen sehr. Sie unterscheiden sich bei Frauen und Männern, sind von Alter, Erziehung oder Herkunft abhängig. Die Bedürfnisse nach Anerkennung oder Respekt sind universell. Aber die Strategie, sich während eines Gesprächs in die Augen zu sehen, wird in manchen Kulturen als respektlos angesehen. Bei uns ist es genau umgekehrt.

Unsere Bedürfnisse sind zwar oft mit bestimmten Strategien eng verbunden – wir haben bestimmte Lieblingsspeisen – aber prinzipiell sind Bedürfnisse nicht an eine Strategie oder gar an bestimmte Personen geknüpft. Überlegen Sie einmal, auf wie viele verschiedene Arten Sie sich das Bedürfnis nach Erholung erfüllen? Manche machen Sport, andere lesen, manche gehen in die Sauna, andere lieber im Wald spazieren. Später werden wir noch die Ausnahmen von dieser Regel kennenlernen und auch noch verstehen, was Bedürfnisse von Werten unterscheidet.

Diese Ausführungen von Bedürfnissen machen hoffentlich klar, dass es nichts hilft, sich einfach ein passendes Wort zu suchen. Bedürfnisse müssen innerlich erforscht und erspürt werden – sonst wird die Gewaltfreie Kommunikation zu einer kopfig technischen Methode und führt zu den gestelzt klingenden Dialogen, die man in vielen Büchern findet. Ihre Bedürfnisse können Sie nicht sehen, sondern nur spüren. Der Fokus Ihrer Aufmerksamkeit muss dazu nach Innen gehen: zu Ihren Gefühlen und Ihrer Körperwahrnehmung. Wenn Sie sich also fragen, ob Sie gerade Ihr Bedürfnis beschreiben oder eine Strategie, dann fragen Sie sich, wo sie mit Ihrer Aufmerksamkeit sind. Wenn Sie mit Ihrer Wahrnehmung ganz bei sich sind, im gefühlten Wahrnehmen und Reflektieren, dann kommen Sie mit Bedürfnissen in Kontakt. Solange Sie mit Ihrer Aufmerksamkeit bei Bewertungen sind oder über äußerliche Phänomene nachdenken (Geld, Menschen, Verhaltensweisen) dann beschreiben Sie vermutlich eine Strategie und kein Bedürfnis.

3.6 Sag »bitte«!

In der vierten Unterscheidung der Gewaltfreien Kommunikation stecken zwei wichtige Themen. Zum einen geht es hier um die Haltung, mit der wir unsere Wünsche formulieren und zum anderen darum, möglichst klar und konkret auszudrücken, was man möchte. Bitten und Forderungen kennen wir alle. »Sag ›bitte‹« ist immer noch ein häufig gehörter Satz in der Kindererziehung. Ein Bitte klingt netter, selbst wenn sich dahinter eine Forderung versteckt. In der Gewaltfreien Kommunikation betrachten wir das Thema vor allem unter dem Gesichtspunkt der unterschiedlichen Haltung, die sich hinter einer Bitte oder einer Forderung verbergen. Eine Bitte zeichnet sich dadurch aus, dass ich mit meinem Gegenüber in einer ergebnisoffenen Verhandlung bin. Ich weiß was ich möchte, aber ich bin bereit, über meine Wünsche zu sprechen und über das endgültige Ergebnis zu verhandeln.

Hinter Forderungen steht eine andere Haltung als hinter Bitten. Bei Forderungen bin ich nicht (mehr) bereit zu verhandeln, sondern zeige Grenzen auf und mache Konsequenzen deutlich. Manchmal höre ich, Forderungen seien nicht gewaltfrei, diese Meinung teile ich nicht. Forderungen sind im sozialen Miteinander etwas völlig Normales. Wir haben oft Forderungen an andere und wir sind auch ständig den Forderungen anderer ausgesetzt. Man kann nicht alles dauernd und immer (neu) verhandeln. In einer Demokratie habe ich Rechte und die sind nichts anderes als Forderungen an meine Mitbürger. Im Gegenzug habe auch ich Pflichten, das sind die

Forderungen der anderen an mich. Und selbst im Privaten haben wir unausgesprochene oder unbewusste Forderungen an unseren Partner (zum Beispiel Verlässlichkeit) und an unsere Kinder (zum Beispiel Ehrlichkeit). Häufig merken wir erst, welche Forderungen wir an andere haben, wenn diese nicht mehr selbstverständlich erfüllt werden.

Aber im Zusammenleben und -arbeiten unter Erwachsenen gibt es natürlich einen weiten Bereich von Verhandlungen über die jeweiligen Strategien zur Bedürfniserfüllung. Von den eher privaten Themen »Was möchtest du zum Abendessen?», »Wohin wollen wir in Urlaub fahren?«, bis hin zum beruflichen Kontext »Wie wollen wir hier zusammenarbeiten?« Über diese und viele andere Themen kann man verhandeln und sich um eine Lösung bemühen, die möglichst viele Wünsche und Interessen berücksichtigt.

In der Gewaltfreien Kommunikation nennen wir den Handlungsvorschlag, der Bedürfnisse erfüllen soll, eine *konkrete Bitte*. Konkrete Bitten sollten möglichst klar und eindeutig die Strategie benennen, die man am liebsten hätte. Das erleichtert Gespräche und führt schneller zu praktikablen Lösungen. Wenn in der Familie jeder nur irgendwohin in Urlaub möchte, kann die Entscheidung ziemlich lange dauern. Wenn klar ist, dass alle ans Meer wollen und Berge nicht mögen, kommt man der Sache schon näher. »Ich brauche Erholung«, ist wenig hilfreich. Eine konkrete Bitte in der Art »Ich möchte in ein ruhiges Hotel mit Wellness.« zeigt sehr viel klarer, was man unter Erholung versteht. Je konkreter jeder formuliert, was er möchte, umso schneller kommt man zu einer Einigung, mit der alle zufrieden sind.

3.7 Gewaltfrei funktioniert nicht

Ich habe an verschiedenen Stellen erwähnt, dass man Gewaltfreie Kommunikation auf zwei prinzipiell unterschiedliche Arten verstehen, lernen und anwenden kann. Zum einen als eine gewaltfreie Sprache und zum anderen als Persönlichkeitsentwicklung, was der Ansatz der Neuen Gewaltfreien Kommunikation ist. Ich möchte Ihnen anhand eines Alltagsbeispiels die zwei unterschiedlichen Herangehensweisen zeigen, und zwar zuerst die Variante »Gewaltfreie Sprache«.

Nehmen wir an, ich habe mich mit einem Freund Peter verabredet und er kommt eine halbe Stunde zu spät, ohne mir Bescheid zu sagen. Das passiert nicht zum ersten Mal, denn Peter ist schon bekannt dafür, sich gerne zu verspäten. Da ich selbst gerne pünktlich bin, bin ich spätestens nach einer viertel Stunde ziemlich genervt. Nehmen wir weiter an, er kommt endlich, zwar zu spät, aber immerhin. In der Vergangenheit habe ich nichts gesagt oder vielleicht nur eine spitze Bemerkung gemacht, aber sonst meinen Ärger heruntergeschluckt und eine gute Miene aufgesetzt.

Nun war ich vor Kurzem in einem Seminar, dass die Gewaltfreie Kommunikation als neue Sprache vermittelt, die im Gespräch alle Missverständnisse schnell und einfach klären kann. Nach diesem Sprachmodell sollte ich meine Beobachtung, Gefühle und Bedürfnisse benennen und eine konkrete Bitte formulieren. Im Gespräch mit Peter könnte das folgendermaßen klingen:

Ich: *»Wenn ich sehe, dass du dreißig Minuten zu spät kommst, bin ich irritiert, weil ich Verlässlichkeit brauche. Kannst du mir sagen, was du von mir gehört hast?«*

Peter: *»Hä? Jetzt stell dich doch nicht so an, bin doch nur dreißig Minuten zu spät!«*

Ich: *»Bist du jetzt frustriert, weil du meine Bedürfnisse nicht verstehst und Klarheit brauchst?«*

Peter: *»Kannst du mal normal reden?«*

Ich: *»Es gibt die Unterscheidung von ›normal‹ und ›natürlich‹. Ich drücke nur meine natürlichen Gefühle und Bedürfnisse aus.«*

Peter: *»Du spinnst.«*

Ich: »…« (jetzt ist mein Seminarwissen am Ende)

Wenn Sie die Gewaltfreie Kommunikation noch nicht kennen, denken Sie vermutlich, so spricht doch niemand freiwillig. Doch, leider, so sprechen viele, wenn Sie die Gewaltfreie Kommunikation fälschlicherweise als Sprachmodell kennengelernt haben. Die vier Schritte der Gewaltfreien Kommunikation zu verstehen ist wichtig, aber die Wirksamkeit der Methode liegt nicht in der Verwendung rhetorischer Floskeln.

3.8 So geht Gewaltfreie Kommunikation

Die vier Schlüsselunterscheidungen verwenden wir in der Neuen Gewaltfreien Kommunikation nicht, um uns im Gespräch gewaltfrei zu verhalten, sondern zur Selbstreflexion über eine Situation, mit der wir nicht zufrieden sind. Wenn ich dafür das Treffen mit Peter verwende, dann möchte ich herausfinden, warum ich über das Thema »Unpünktlichkeit« kein vernünftiges Gespräch mit Peter führen konnte. Sie werden überrascht sein, was in diesem Fall dabei herauskommt, denn das Problem ist gar nicht Peter oder seine Unpünktlichkeit. Um Ihnen zu zeigen, dass für die Selbstreflexion die Reihenfolge der vier Schritte nicht das Wichtigste ist, starten wir mit Schritt vier, der Unterscheidung von Bitte und Forderung.

Eine konkrete Bitte von einer Forderung unterscheiden

Es ist ein guter Ausgangspunkt, sich selbst zu fragen, in welcher Haltung man in ein Gespräch geht. Zur Erinnerung: Hinter einer Bitte steht die Haltung, in der ich offen für Verhandlung und Anpassung meiner eigenen Meinung oder Strategie bin. Wenn ich das nicht bin, habe ich eine Forderung. Eine Forderung lässt keinen Freiraum für den anderen. Also prüfe ich, wie meine Haltung Peter gegenüber war. Ich war frustriert und ärgerlich. Meine Intention ist ziemlich offensichtlich. Ich wollte Peter vermitteln, dass er sich falsch verhalten hat und sich ändern soll. Mich nervt das ständige Zu-spät-Kommen und ich will, dass er es abstellt. Ich stelle fest, dass ich innerlich eine klare Forderung an ihn hatte, die lautet: Ändere dich! Sei pünktlich, wenn du mit mir verabredet bist. Sonst ... Ja, was sonst? Kündige ich die Freundschaft? Räche mich das nächste Mal, indem ich auch mal zu spät komme? Ich hatte also eine Menge Bewertungen und sogar schon Rachepläne in Vorbereitung. Diese Intention spürt Peter und wehrt sich. Daran ändern auch meine gewaltfreien Formulierungen nichts. Zum Glück hat Peter noch genug Menschenverstand, um mir seine Meinung offen zu sagen.

Beobachtung von Bewertungen unterscheiden

Im weiteren Verlauf der Selbstreflexion versuche ich, mir alle Gedanken und Bewertungen in Erinnerung zu rufen, die ich über die Situation, über Peter und über mich selbst hatte. Dann frage ich mich, was ich in der beschriebenen Situation wirklich beobachtet habe und was meine eigenen, hausgemachten Bewertungen sind. Es ist wichtig, die eigenen Gedanken und Bewertungen möglichst unzensiert wahrzunehmen. Bewusstheit ist ein Heilmittel an sich. Wenn Sie anfangen, sich böse Gedanken zu untersagen, machen Sie die Sache noch schwieriger, denn die gehen nicht weg, sondern höchstens in den Untergrund.

Für die Eigenverantwortung üben wir uns darin, Beobachtungen von Bewertungen zu trennen. Eine bewusste Trennung von Beobachtung und Bewertung macht mir klar, was im Außen passiert (Beobachtung), und wie ich darauf reagiere, also was ich selbst daraus mache (meine Bewertung). Die eigenen Bewertungen sind wichtig, denn sie zeigen, was ich brauche. In der Terminologie der Gewaltfreien Kommunikation: Die Bewertungen sind der erste Schritt zu meinen Bedürfnissen. Was kann ich in der Situation mit Peter also wirklich beobachten und was ist meine eigene Bewertung? Natürlich habe ich eine Menge Bewertungen über Peter. Für mich ist Pünktlichkeit so normal wie Wasser aus dem Hahn. Ich lasse niemanden ohne Grund eine halbe Stunde warten, ohne Bescheid zu geben. Ein paar meiner harmloseren Bewertungen über Peter lauteten: »Der nimmt mich nicht ernst.«, »So ein respektloses Verhalten.«

Die Beobachtung in diesem Fall ist: »Peter kam um 20.30 Uhr«. Die reine Beobachtung zu formulieren, hat oft etwas Befremdliches, sie fühlt sich distanziert an, drückt nicht das aus, worum es eigentlich geht. Das ist durchaus Absicht. Durch die reine Beobachtung wird mir bewusst, dass Fakten einfach Fakten sind – nicht mehr und nicht weniger. Wenn ich mir bewusst mache, dass ich bewerte, also aktiv etwas zur Beobachtung hinzufüge, bringt das eine neue Qualität in meine Selbstreflexion. Zum einen übernehme ich damit Verantwortung für meine Bewertung. Und zum anderen relativieren sich meine Bewertungen, weil ich eine innere Distanz dazu einnehme. Wenn ich bewusst wahrnehme, dass ich bewerte, wird mir auch deutlich, dass nur ich die Situation so bewerte.

Meine Gefühle von meinen Gedanken unterscheiden

Gehen wir weiter zur nächsten Unterscheidung. Wenn ich über die Situation nachdenke und mich frage, wie ich mich gefühlt habe, fallen mir zuerst einige Pseudogefühle ein: »sitzen gelassen«, »nicht ernst genommen«, »verarscht«. Das sind alles keine authentischen, körpernahen Gefühle, sondern weitere Gedanken und Bewertungen. Wenn ich die Situation weiter reflektiere, nehme ich wahr, dass ich zu Beginn der Wartezeit erst irritiert war. Als Peter dann ankam und sich ohne ein Wort der Erklärung hinsetzte, war ich ärgerlich und verletzt. An diesem Beispiel können Sie sehen, wie schnell sich Gefühle wandeln. Solange ich kein Verständnis für die Quelle meiner Gefühle habe, ist das ziemlich frustrierend. Erst wenn ich unter den verschiedenen Schichten von Gefühlen meine Bedürfnisse und deren Geschichte verstehe, kann ich aus dieser Situation etwas lernen – und genau darum geht es in der Gewaltfreien Kommunikation. Das geschieht im nächsten Schritt durch die Verknüpfung meiner Gefühle mit meinen Bedürfnissen.

Meine Bedürfnisse von Strategien unterscheiden

Was sind in meinem Beispiel mit Peter meine unerfüllten Bedürfnisse? An diesem Beispiel kann man gut erkennen, dass es oft gar nicht einfach ist, Bedürfnisse von Strategien zu unterscheiden. Natürlich fällt mir als Erstes so etwas wie Pünktlichkeit ein und es ist verlockend, dies als Bedürfnis zu identifizieren. Aber wenn wir unsere Kriterien für Bedürfnisse ansehen, wird deutlich, dass Pünktlichkeit weder universell noch unabhängig von der Kultur ist. In anderen Ländern hat Pünktlichkeit nicht den gleichen Stellenwert. Der kulturelle Unterschied ist ein sicheres Zeichen dafür, das Pünktlichkeit kein Bedürfnis, sondern ein Werturteil oder eine Strategie ist. Pünktlichkeit erfüllt Bedürfnisse (für manche) – aber sie ist kein Bedürfnis im Sinne der Gewaltfreien Kommunikation.

Bleibe ich, um auf das Beispiel zurückzukommen, bei meinen Gedanken und Gefühlen, dann komme ich meinen Bedürfnissen eher auf die Spur. Peters Unpünktlichkeit nervt mich, aber ich ärgere mich auch über mich selbst, weil ich nicht ehrlich bin und ihm meinen Frust nicht zeige. Hinter meinem Ärger zeigt sich Enttäuschung über mein fehlendes Vertrauen in die Freundschaft zu Peter. Die Bedürfnisse, die ich wirklich als verletzt erlebe, sind Vertrauen und Zugehörigkeit.

Verantwortung für meine Gefühle und Bedürfnisse übernehmen

So weit, so gut, damit sind mir meine Bedürfnisse klarer und wir kommen zum wichtigsten Punkt der Neuen Gewaltfreien Kommunikation: Verantwortung übernehmen. Was bedeutet das in meinem Fall? Ich kann nur dann Verantwortung übernehmen, wenn ich verstehe, warum sich diese Gefühle und Bedürfnisse in der Situation mit Peter zeigen. Warum trifft es mich so, wenn Peter zu spät kommt? Warum fehlt mir Vertrauen und Zugehörigkeit? Jemand anderes könnte in der gleichen Situation emotional ganz anders reagieren. Diese Gefühle und Bedürfnisse haben in dieser Situation ganz speziell mit mir zu tun. Bevor ich nicht verstehe, wie und warum ich diese Gefühle in mir selbst erzeuge, bleibe ich meinen unbewussten Reaktionen ausgeliefert. Ich kann nur verändern, was ich bewusst habe. Diese Erklärung finde ich, wenn ich die aktuelle Situation als einen Hinweis auf frühere Erfahrungen verstehe. Woher kenne ich diese Gefühle und Bedürfnisse aus meiner Biografie? Was hat die Situation mit mir zu tun?

Mir ist in der Selbstklärung bereits bewusst geworden, dass es bei der Situation mit Peter viel mehr um Freundschaft, also um Zugehörigkeit und Vertrauen geht, als um Pünktlichkeit. Wenn ich meine Biografie im Hinblick auf diese Bedürfnisse untersuche, finde ich eine Erklärung. Das Gefühl des Verlusts von Freundschaften kenne ich gut aus meiner Schulzeit. Da ich nicht viele Freunde hatte, war das immer sehr schmerzlich. Diese Angst erkenne ich in meinem Gespräch mit Peter wieder. Ich hatte Angst, dass es die Freundschaft mit Peter nicht aushält, wenn ich ehrlich sage, wie sehr mich die Unpünktlichkeit stört. Meine Enttäuschung aus meiner Kindheit wurde durch die Situation mit Peter reaktiviert. Sie hat mich davon abgehalten ein offenes und klärendes Gespräch über das Thema Unpünktlichkeit zu führen. Ich wollte nicht schon wieder einen Freund verlieren und habe deshalb meine Unzufriedenheit über Peter geschluckt. Mit dieser Erkenntnis kann ich meine Gefühle und Bedürfnisse stimmig aus meiner Biografie erklären und muss sie nicht mehr auf Peter projizieren. Das ist ein wichtiger Schritt, um die Verantwortung für sich zu übernehmen.

Ein gewaltfreies Gespräch, das gar nicht so klingt

Wie sähe das Gespräch mit Peter aus, wenn ich diese Selbstklärung vor dem Treffen gemacht hätte? Das ist ziemlich einfach, da mir dann klar wäre, dass die Angst vor dem Verlust einer Freundschaft aus meiner Geschichte kommt und mit Peter nichts zu tun hat. Also könnte ich ihm offen sagen, dass es nervt, wenn er wiederholt zu spät kommt. Ich würde ihn fragen, warum er dieses Mal wieder zu spät gekommen ist. Wenn ich denke, er hat mich verstanden und das Thema steht nicht mehr zwischen uns, können wir das Thema »Pünktlichkeit« beenden und wir hätten einen netten Abend.

So könnte ein gewaltfreies Gespräch ablaufen, wenn ich selbst genug Vertrauen in die Freundschaft gehabt hätte. In dem Gespräch käme nicht unbedingt das Wort »Bedürfnis«, »Zugehörigkeit« oder »Vertrauen« vor – das ist auch nicht notwendig. Sie erkennen ein gewaltfreies Gespräch nicht an den verwendeten Worten.

Soweit dieses kurze Beispiel für die Anwendung der Gewaltfreien Kommunikation als Selbstreflexion. Wir haben das hier im Schnelldurchgang durchlaufen, in der Praxis dauert die Selbstreflexion meist länger. Wir werden auf das Thema noch ausführlicher im Kapitel *Gewaltfreie Kommunikation integrieren* eingehen.

Es ist wichtig, die erste Lernphase ernst zu nehmen. Die vier Schritte der Gewaltfreien Kommunikation klingen einfach und das verleitet dazu, diese als simpel abzutun, aber das sind sie nicht. Ein fundiertes Verständnis dieser Unterscheidungen ist die Grundlage für die Selbstreflexion. In dieser Lernphase ist es hilfreich, sich Zeit zu nehmen um die alltägliche Kommunikation im Hinblick auf diese vier Schritte auszuwerten und zu reflektieren. Das wird anfangs dazu führen, dass Sie mehr Bewusstheit auf Ihre Sprache und Gedanken legen, als Sie es gewohnt sind. Wahrscheinlich werden Sie anfangen, mehr in den Begriffen von Gefühlen und Bedürfnissen zu denken und zu sprechen. Sie werden sich und anderen merkwürdige Fragen stellen, wie: War das jetzt ein Gefühl? Oder ein Bedürfnis? In dieser Anfängerphase neigen viele dazu, sich eine Art gewaltfreie Sprache mit Gefühlen und Bedürfnissen anzugewöhnen. Auch wenn sich dies nicht ganz vermeiden lässt, so sollten Sie diese Anfängerphase möglichst schnell hinter sich lassen.

4.

Freiheit, Eigenverantwortung und Entwicklung

Meine Absicht mit diesem Buch ist, die Gewaltfreie Kommunikation wieder auf das Fundament der Werte zu stellen, die in Rosenbergs Vision angelegt, aber im gegenwärtigen Mainstream ziemlich verschüttet sind. Diese Prinzipien beschreibe ich als Freiheit, Verantwortung und Entwicklung. Sie bilden das Fundament für das Verständnis und die Praxis der Gewaltfreien Kommunikation. Diese Prinzipien sind in der gegenwärtigen Gewaltfreien Kommunikation kaum noch sichtbar. Die Ursachen für diese Entwicklung werde ich im Kapitel zu den Schattenseiten und Missverständnissen beschreiben. In der neuen Gewaltfreien Kommunikation steht die Frage »Fördert es Selbstverantwortung, Freiheit und persönliche Entwicklung?« im Mittelpunkt.

4.1 Freiheit

Das Thema Freiheit berührt die Grundlagen der Gewaltfreien Kommunikation in zweierlei Hinsicht. Zum einen betrifft es einige grundsätzliche Annahmen. Die Gewaltfreie Kommunikation geht davon aus, dass der Mensch frei ist, für die Erfüllung seiner Bedürfnisse verschiedene Strategien zu finden. Aber ist das richtig? Die Gewaltfreie Kommunikation behauptet auch, der Mensch sei frei, seine innere Reaktion wählen zu können. Aber stimmt das? Ist der Mensch frei? Sind seine Gefühle, Gedanken und Entscheidungen frei oder nicht? Das sind weitreichende Fragen und Aussagen und ich denke, wenn man die Gewaltfreie Kommunikation lernt, sollte man sich damit befassen.

Zum anderen ist individuelle Freiheit ein grundlegender Wert der westlichen Kultur. Wie beschrieben, versteht der Mainstream die Gewaltfreie Kommunikation als eine neue Sprache. Das hat zur Folge, dass viele Begriffe nicht mehr gedacht, geschweige denn ausgesprochen werden dürfen, weil diese angeblich gewaltvoll sind. Wer ernsthaft diese sprachliche Zensur unterstützt, muss sich die Frage gefallen lassen, wie es um die Anerkennung der Meinungsfreiheit steht.

Die Freiheit zu denken

Jeder hat das Recht, seine Meinung in Wort, Schrift und Bild frei zu äußern und zu verbreiten […] Eine Zensur findet nicht statt.

Grundgesetz der Bundesrepublik Deutschland, Art 5 Abs. 2

Ich habe Marshall Rosenberg als einen freiheitsliebenden Menschen erlebt. Er ließ sich nicht einfach in die übliche Schublade eines Seminarleiters stecken, sondern er lebte, was er lehrte, auch gegen gesellschaftliche Konventionen. Er ging radikal seinen Weg, auch wenn dies negative Konsequenzen hatte. So wollte er mit seinen Steuern keine Rüstungsausgaben unterstützen. Der einzige Weg dem zu entgehen war, sehr wenig Geld zu verdienen, was er eine Weile versucht hat. Später hat er deswegen seinen Wohnsitz in die Schweiz verlegt. Seinem Sohn ließ er die Freiheit, nicht zur Schule zu gehen, als dieser Schwierigkeit hatte, sich dort zurechtzufinden.

Angesichts dessen scheint es absurd, dass die Gewaltfreie Kommunikation sich zu einem Sprachkonzept aus Gesprächsregeln und Zensur entwickelt hat. Da wird behauptet, es gäbe lebensfeindliche Worte, die man auf keinen Fall verwenden darf. In Gesprächen unter Anhängern dieses Konzepts wird erwartet, dass man gewaltfreie Begriffe verwendet und Gewaltfreie Kommunikation anwendet, also beispielsweise immer wiederholt, was der andere gesagt hat. Es werden ganze Begriffsgruppen aus dem Wortschatz verdammt. So darf man nicht mehr »aber«, »immer«, »nie«, »müssen«, »sollen« sagen und moralische Bewertungen müssen unter allen Umständen vermieden werden. Diese Formen der Zensur durch eine falsch verstandene Gewaltfreie Kommunikation machen unfrei im Denken und sind damit auf einer sehr grundlegenden Ebene eher gewaltfördernd als gewaltfrei.

Die Meinungsfreiheit ist nicht ohne Grund in demokratischen Staaten gesetzlich verankert und wird nur in sehr wenigen Ausnahmefällen eingeschränkt. Hinter diese Errungenschaften sollten wir nicht zurückfallen und dann noch behaupten, es sei gewaltfrei. In der neuen Gewaltfreien Kommunikation nehmen wir Abstand von jeglicher sprachlichen Zensur. Gewalt zeigt sich nicht in der Verwendung oder Vermeidung bestimmter Begriffe und Worte, sondern in der Intention und Haltung, mit der diese verwendet werden.

Ist der Mensch frei?

Die Frage, ob der Mensch frei ist, beschäftigt die Philosophie seit vielen Jahrhunderten und seit einigen Jahrzehnten auch die moderne Wissenschaft. Die Hirnforschung neigt, vereinfacht gesagt, zur Aussage, dass unsere Gedanken und Gefühle als chemische Reaktionen im Gehirn nach den Gesetzen der Naturwissenschaft determiniert, also festgelegt und unfrei sind. Philosophen halten dagegen, auch vereinfacht gesagt, dass diese Aussage sinnlos ist, weil sie, wenn sie wahr wäre, von Wissenschaftlern stammt, deren Gehirne unfrei sind und sie diese Frage daher gar nicht wissenschaftlich objektiv untersuchen und beantworten können. Ich erhebe hier keinen Anspruch darauf, diesen Streit zu entscheiden, aber meine Haltung dazu liegt klar auf der Seite der Philosophen.

Haben Sie sich frei entschieden, dieses Buch zu lesen? Wenn Sie diese und die Eingangsfrage bereits mit »Nein« beantwortet haben, dann könnten Sie das Buch eigentlich gleich wieder weglegen. Denn dann ergäbe das Thema Gewaltfreie Kommunikation und Persönlichkeitsentwicklung überhaupt keinen Sinn. Wenn es keine Freiheit gibt, dann gibt es auch keine selbstbestimmte Entwicklung. Dann mag es eine vorherbestimmte Entwicklung geben, aber darauf haben Sie keinerlei Einfluss. Wenn Sie die Frage nach der Freiheit verneinen, dann hätte eine bereits vor Urzeiten begonnene Kette von festgelegten Ereignissen Sie dazu geführt, dieses Buch zu lesen. Ihr nach Naturgesetzen determiniertes Gehirn hätte Sie vor dieses Buchregal (oder in einen Online-Shop) gebracht und ohne jede Entscheidungsfreiheit wären sie dazu gezwungen gewesen, dieses Buch zu kaufen und bis hierher zu lesen. Und Sie sind auch jetzt nicht frei zu entscheiden, dieses Buch wieder aus der zu Hand legen. Das alles ist schon entschieden, Sie brauchen gar nicht weiter darüber nachzudenken. Das klingt nicht wirklich sinnvoll, oder?

Wann ist der Mensch frei?

Sie beschäftigen sich mit Gewaltfreier Kommunikation, weil Sie sich weiterentwickeln möchten. Sie wollen an Ihrer Haltung arbeiten, mehr Empathie und Bewusstheit für sich und andere entwickeln. Das ergibt meines Erachtens nur Sinn, wenn Sie die Freiheit des Menschen zumindest potenziell für möglich halten. Zurückblickend auf meine Arbeit würde ich meine Sichtweise so zusammenfassen: Ich glaube nicht, dass der Mensch innerlich völlig frei ist in seinen Gedanken, Emotionen, seinem Wollen und Verhalten. Ich erlebe aber, dass der Mensch frei(er) werden kann, wenn er seinen Willen darauf lenkt, sich seiner Gedanken und Emotionen bewusster zu werden. Das menschliche Bewusstsein scheint der Schlüssel für innere Freiheit zu sein.

Ich habe durch meine Arbeit viele Einblicke in die Entscheidungs- und Verhaltensmuster von Menschen bekommen und durfte dabei das innere Ringen miterleben, das es braucht, um sich zu verändern. Und natürlich geht es mir persönlich genauso. Wenn wir tatsächlich völlig frei wären in Bezug auf unsere Gefühle, Gedanken und den daraus folgenden Handlungen, dann wäre dieser Kampf unnötig. Wir würden uns frei entscheiden, anders zu handeln und es dann einfach tun. Leider ist es nicht so einfach. Jeder, der schon einmal mit guten Vorsätzen gescheitert ist, kennt das Problem. Und das gilt im Prinzip natürlich für viele Angewohnheiten und emotional geprägte Verhaltensmuster. Völlig frei ist der Mensch in seinen Gedanken, Gefühlen und Handlungen also sicher nicht – er ist geprägt und oft gefangen in seinen emotionalen Mustern und Gewohnheiten.

Ich erlebe aber auch, dass Menschen diese Freiheit suchen und finden. Dafür nehmen sie erhebliche Anstrengungen auf sich. Sie lesen Bücher, besuchen Seminare, machen Therapien oder meditieren – alles in dem Versuch, sich zu verändern und menschlich zu wachsen. Ohne die Möglichkeit

Gewaltfreie Kommunikation ist keine Sprache. Sie ist ein Weg, um Freiheit zu finden.

von Entwicklung, also ohne die Existenz von Freiheit, wäre dieses Streben völlig sinnlos. Wenn ich es persönlich auf mich anwende: Ich erlebe mich innerlich nicht immer als frei, aber ich strebe danach, freier zu werden. Ich würde sogar sagen, dass diese Intention in uns angelegt ist - es ist eine Grundbedingung des Menschseins. Alle gesunden Menschen möchten innerlich freier werden. Das ist nicht immer einfach und wir scheitern oft, aber das ändert nichts an unserem Streben nach Freiheit.

Freiheit heißt, das Falsche wählen zu können

Darüber hinaus gibt es einen weiteren Grund, die Freiheit des Menschen vorauszusetzen. Um den Menschen für sein Verhalten verantwortlich machen zu können, müssen wir ihm einen freien Willen zugestehen. Wenn der Mensch aufgrund seiner Gene und seiner unbewussten (= unfreien) inneren Entscheidungsprozesse völlig vorherbestimmt wäre, könnten wir ihn nicht für seine Taten verantwortlich machen - weder moralisch noch juristisch.

Wenn wir dem Menschen die freie Wahl absprechen zwischen dem Falschen und Richtigen, dem Bösen und dem Guten, dann entheben wir ihn auch der Verantwortung für sein Handeln. Das Prinzip der Freiheit ist in der Gewaltfreien Kommunikation also fundamental wichtig.

Wenn wir frei sind, können und müssen wir Verantwortung übernehmen, uns also den Konsequenzen unseres Handelns stellen. Wenn wir das Falsche getan haben, werden wir mit den Folgen konfrontiert und müssen uns damit beschäftigen, den Fehler wiedergutzumachen. Wir müssen es sogar in zweierlei Hinsicht wieder gut machen, für den oder die Betroffenen und in uns selbst. Beides kann einen Menschen vor große Herausforderungen stellen. Ein harsches Wort an der falschen Stelle kann man durch eine ernst gemeinte Entschuldigung schnell wieder gut machen. Aber wie kann man eine verletzte Seele oder gar ein zerstörtes Menschenleben wieder gut machen? Hier kommt die Frage des Ausmaßes eines Schadens und der Schuld ins Spiel. Die Frage nach der Schuld ist eng mit dem Thema Freiheit verbunden. Ohne Freiheit könnten wir uns nicht schuldig machen.

Sie sehen, Verantwortung und Freiheit sind unbequem. Sie stellen uns vor ungeklärte Fragen, vor Konflikte, vor die Schuldfrage. Das Potenzial zur Freiheit wird uns geschenkt, erarbeiten und verwirklichen müssen wir sie selbst. Für mich wurde die Gewaltfreie Kommunikation im Laufe der Jahre tatsächlich die Methode, um an dem Thema Freiheit zu arbeiten, um meine eigenen Freiheitsansprüche zu überprüfen und an den Herausforderungen der Freiheit zu wachsen. Wenn ich Menschen berate, frage ich oft gegen Ende: »Macht das Ergebnis Sinn?« Ich möchte Sie daher bitten, sich selbst die Frage zu beantworten: »Ergibt ein Leben ohne den Freiheitsgedanken Sinn?«.

4.2 Eigenverantwortung

Eigenverantwortung bedeutet, dass gesunde Erwachsene für ihre Gedanken, Gefühle, Bedürfnisse und Handlungen selbst verantwortlich sind. Hierbei sind zwei Punkte entscheidend: die Trennung von Verantwortung und Kontrolle sowie die Betonung von »gesunde Erwachsene«. Verantwortung zu übernehmen, bedeutet nicht, dass Sie alles kontrollieren können. Sie haben keine völlige Kontrolle über Ihre Gedanken, Gefühle, Bedürfnisse und Handlungen – spätestens seit Freud wissen wir, dass der Mensch großteils unbewusst denkt und handelt. Auch Eltern müssen die Verantwortung für die Handlungen ihrer Kinder übernehmen, obwohl sie diese wahrlich nicht immer kontrollieren können. Daher ist es, nebenbei bemerkt, auch ganz im Eigeninteresse der Eltern, ihren Kindern ein sozial akzeptables Verhalten beizubringen. Selbstverantwortung bedeutet daher, die Verantwortung für seine Gedanken, Gefühle und Bedürfnisse zu übernehmen, obwohl man sie nicht völlig unter eigener Kontrolle hat.

Wenn wir gesunde Erwachsene für voll verantwortlich halten, dann schließt dies Kinder und Kranke aus. Es gibt eine Reihe psychischer Krankheiten, die die Eigenverantwortung von Erwachsenen vermindern oder ausschließen. Kinder sind, je nach Alter, von ihrem Entwicklungsstand her noch nicht in der Lage ihre innere Wahrnehmung und Gefühle von der Außenwelt zu trennen. Neugeborene sind emotional noch sehr verschmolzen mit der Umwelt und vor allem mit ihren Bezugspersonen. Sie nehmen deren Gefühle wahr, können aber noch nicht komplett zwischen »Ich und Du« trennen. Hier macht die Idee von Eigenverantwortung gar keinen Sinn. Kinder lernen Verantwortung zu übernehmen, wenn ihnen diese von Erwachsenen in gesundem Ausmaß vermittelt wird.

Das Thema Verantwortung macht auch deutlich, für welche Zielgruppe Gewaltfreie Kommunikation gedacht ist. Es ist nicht sinnvoll, kleinen Kindern vermitteln zu wollen, dass sie für ihre Gefühle und Bedürfnisse voll verantwortlich sind, aus dem einfachen Grund, weil sie das noch gar nicht können. Kinder und Jugendliche lernen die Gewaltfreie Kommunikation am besten, wenn die verantwortlichen Erwachsenen (Eltern, Erzieher, Lehrer) eine gewaltfreie Haltung integriert haben.

Es gibt keine verletzenden Worte

Die radikale Aussage der Gewaltfreien Kommunikation ist: Niemand kann uns Gefühle machen, weder gute noch schlechte. Wir erzeugen unsere Gefühle immer selbst. »Was ist aber, wenn ich sicher weiß, dass meine Antwort den anderen verletzten wird? Bin ich dann nicht dafür verantwortlich?« Diese Frage ist naheliegend. Wir erleben in Gesprächen, dass unsere Worte verletzend ankommen und wir wissen es häufig sogar vorher. Wie kann man also behaupten, dass wir nicht verantwortlich sind, wenn wir jemandem durch unsere Worte wehtun? Kommunikation ist schon verwirrend genug und jetzt kommt noch die Gewaltfreie Kommunikation und behauptet, dass wir nicht für die Gefühle anderer verantwortlich sind.

Auch wenn wir uns bemühen, es gibt keine Sicherheit, dass wir unser Gegenüber im Gespräch nicht verletzen. Denn es sind nicht die Worte, die verletzen. Es ist die emotionale Interpretation der Worte durch den Empfänger, die weh tun kann – aber diese Interpretation liegt in der Verantwortung des Empfängers. Emotionale Verletzungen durch Worte machen wir immer selbst – ohne Ausnahme. Nicht die Worte tun weh, Gefühle tun weh. Aus diesem Grund ist auch der Versuch, gewaltfreie (= nicht verletzende Worte) zu finden, von vorneherein zum Scheitern verurteilt. Das ist ein häufiges Missverständnis in der Gewaltfreien Kommunikation. Es gibt keine gewalttätigen Worte, aber es gibt eine gewalttätige Intention oder Haltung. Wenn ich die Absicht habe, jemandem weh zu tun, werde ich das unabhängig von bestimmten Worten schaffen.

Der häufigste Einwand darauf ist, dass es doch Schimpfwörter und Bewertungen gibt, die immer verletzend sind. Ja, es gibt Schimpfwörter, aber diese verletzten nur im jeweiligen Kontext, in dem sie auch als Schimpfwörter verstanden werden. Das Wort »Arsch« ist heute unter Umständen eine normale Begrüßung unter Jugendlichen, lange Zeit war es eine Beleidigung. Sie werden viele Begriffe finden, die wir heute ganz selbstverständlich verwenden, die früher aber im normalen Sprachgebrauch als unhöflich oder verletzend angesehen wurden. Es gibt keine Begriffe die per se Schimpfworte oder beleidigend sind.

Auslöser und Ursache von Gefühlen

Selbst wenn wir rational einsehen, dass wir unsere Gefühle selbst erzeugen, so fühlt es sich doch oft nicht so an. In den meisten Fällen haben wir den Eindruck, die Umwelt und unsere Mitmenschen machen uns Gefühle. Natürlich hätten Sie ohne die entsprechenden Auslöser keine oder andere Gefühle, dennoch haben Sie die volle Verantwortung. Deshalb unterscheiden wir Auslöser und Ursache von Gefühlen. Diese Unterscheidung lässt sich im Selbstversuch am besten lernen. Dafür habe ich Ihnen hier schon einige Beispiele im Kapitel zu den Gefühlen beschrieben. Machen Sie diese Übungen unbedingt mit eigenen Beispielen und stellen Sie sich Situationen vor, in welchen der gleiche Auslöser zu unterschiedlichen Gefühlen führt. Das ist gar nicht so schwer und der Erkenntnisgewinn ist wirklich groß. Stellen Sie sich beispielsweise vor, Sie halten vor einer Gruppe eine Rede über ein kontroverses Thema wie Abtreibung oder Kernenergie. Die Gefühle Ihrer Zuhörer werden sehr unterschiedlich sein. Manche sind gelangweilt, weil sie das Thema nicht interessiert. Manche sind freudig, weil sie zustimmen, manche ärgern sich, weil sie eine andere Meinung als Sie haben.

Wir erzeugen unsere Gefühle selbst, aber wir haben keine direkte Kontrolle über diesen Prozess. Das kann irritieren oder verunsichern, vor allem wenn man den Anspruch hat, seine Gefühle in den Griff zu bekommen. Auch die Arbeit mit Gewaltfreier Kommunikation wird nicht dazu führen, dass wir unsere Gefühle direkt kontrollieren können. Das ist auch gar nicht notwendig aber es ist ein Grund dafür, warum die Persönlichkeitsentwicklung nicht immer so einfach ist.

4.3 Entwicklung

Das Thema Entwicklung betrifft zwei Bereiche. Zum einen die persönliche Entwicklung und zum anderen die Weiterentwicklung der Gewaltfreien Kommunikation. Die Persönlichkeitsentwicklung folgt direkt aus den Prinzipien Freiheit und Eigenverantwortung. Da ich in meinen Entscheidungen potenziell frei bin, werde ich auf meinem Lebensweg auch falsche Entscheidungen treffen. Ich werde kleinere und größere Fehler machen und für diese muss ich Verantwortung übernehmen. Kein angenehmer Gedanke, gebe ich zu, aber das ist wohl die Grundbedingung des Menschseins. Wir haben die Freiheit bekommen, Fehler zu machen und müssen dann entscheiden, wie wir damit umgehen. Also scheint es mir schon aus Eigeninteresse sinnvoll, mir Gedanken zu machen, wie ich das alles gut oder wenigstens immer besser hinbekomme. Erinnern Sie sich noch, was ich anfangs über meine Motivation, Gewaltfreie Kommunikation zu lernen, geschrieben habe? Eigentlich wollte ich lernen, keine Fehler mehr zu machen, damit mich alle immer mögen. Keine Fehler zu machen, werde ich sicher nicht mehr schaffen, aber weniger Fehler ist hoffentlich nicht unrealistisch. Persönlichkeitsentwicklung ist also durchaus eigennützig.

Aber die Persönlichkeitsentwicklung hat natürlich auch Auswirkungen auf das Zusammenleben und -arbeiten. Je enger wir in dieser Welt zusammenrücken, umso mehr sind wir auf gegenseitiges Verständnis und Einfühlungsvermögen angewiesen. Erst seit wenigen Jahrhunderten kommen wir intensiv in Kontakt mit fremden Kulturen und müssen uns auf die unterschiedlichsten Menschen einstellen. Für die Erfahrung, dass Menschen sehr unterschiedlich ticken, brauchen wir aber gar nicht weit zu reisen. Schon Frauen und Männern der gleichen Kultur fällt es nicht immer leicht, das andere Geschlecht zu verstehen. Die Gewaltfreie Kommunikation bietet, durch ihren Fokus auf die Bedürfnisse, eine wichtige Voraussetzung für das zwischenmenschliche Einfühlungsvermögen. Wenn wir lernen und verstehen, dass alle Menschen aus den gleichen Bedürfnissen heraus handeln, dann ist das ein wichtiger Baustein für das gegenseitige Verständnis.

Dunkle Wolken am gewaltfreien Himmel

Das Thema Entwicklung berührt aber nicht nur die persönliche Weiterentwicklung, sondern auch die Methode der Gewaltfreien Kommunikation selbst. Wie ich zu Beginn beschrieben habe, war ich völlig begeistert, als ich die Gewaltfreie Kommunikation kennenlernte. Mir gefiel Marshall Rosenbergs bescheidene Art, seine bewegenden Erzählungen und sein Humor. Seine Methode schien mir das Allheilmittel zu sein, für einige echt schwierige Probleme der Menschheit. Endlich eine konkrete Hilfe, um Beziehungsprobleme zu klären, Kinder gewaltfrei zu erziehen, das Schulsystem zu verbessern und alle Konflikte zu lösen. Ab jetzt würde alles einfacher, echter, harmonischer – dachte ich.

Aber im Laufe der Zeit kamen mir mehr und mehr Zweifel. Mit meiner damaligen Partnerin kam es immer wieder zu Streitigkeiten darüber, wie man nun Gewaltfreie Kommunikation **richtig** anwendet. Nach dem Motto, »Du warst nicht gewaltfrei mit mir.« oder »Du weißt doch, dass ich jetzt Empathie brauche.« Und auch in der Arbeit mit Kollegen innerhalb des entstehenden Netzwerks um die Gewaltfreie Kommunikation erlebte ich merkwürdige Entwicklungen. Wenn diese Kommunikation so gewaltfrei war, wie konnte es dann sein, dass Sitzungen zu langweiligen So-geht-es-mir-wie-geht-es-dir-Runden ausarteten, in denen man zu keinem Ergebnis kam? Warum konnten wichtige Entscheidungen von einer einzigen Person blockiert werden, die zwar wenige Argumente, aber umso mehr dramatische Gefühle dazu hatte?

Ich erlebte, wie immer neue Regeln aufgestellt wurden, nach denen man ein gewaltfreies Gespräch zu führen hatte. Ich sollte immer sagen, wie es mir geht und vor allem über meine Gefühle und Bedürfnisse sprechen. Auch bei meinem Gegenüber sollte ich immer das Gesagte wiederholen und dabei Gefühle und Bedürfnisse benennen. Aber die Gespräche wurden dadurch nicht besser, die Sitzungen nicht effektiver und die Konflikte nicht offen angesprochen, geschweige denn geklärt.

Die Anzeichen mehrten sich, dass es mit der Gewaltfreien Kommunikation ein erhebliches Problem gab. Mir war nicht klar, was da passierte und noch weniger, was ich dagegen tun könnte. Ich bekam zunehmend den Eindruck, dass sich die Gewaltfreie Kommunikation zu einer unechten, zensierten Insider-Sprache entwickelte, die hauptsächlich dazu diente, nett zu sein und sich nicht weh zu tun. Und Rosenberg hatte ja darauf hingewiesen, dass diese Baby-Phänomene, wie er das nannte, am Anfang dazu gehörten. Im Nachhinein betrachtet, versuchte ich mir einzureden, dass ich die gewaltfreie Sprache einfach noch besser lernen musste und dann würden sich diese Probleme klären. Ein großer Irrtum, wie ich mir später eingestehen musste, denn die Ursachen lagen ganz woanders.

Ein Philosoph kommt zu Hilfe

Zu diesem Zeitpunkt kam mir der Zufall zu Hilfe. Ich beschäftigte mich schon einige Jahre mit der Arbeit des amerikanischen Philosophen Ken Wilber. Kennengelernt hatte ich ihn über seinen bewegenden Bericht über die Krankheit und den Tod seiner Frau in dem Buch *Mut und Gnade*. Darin lässt er neben persönlichen Schilderungen auch etwas von seinen philosophischen Gedanken einfließen. Dadurch angeregt machte ich mich daran,

Wilbers Arbeiten zu lesen. Es dauert eine Weile, aber dann begann mir zu dämmern, dass die Gewaltfreie Kommunikation ein großes Problem hatte.

Wilber befasst sich in seinem Werk unter anderem mit der Forschung zur Persönlichkeits- und Bewusstseinsentwicklung des Menschen. Dazu fasste er die Ergebnisse vieler Wissenschaftler zur psychologischen, moralischen, kognitiven und sozialen Entwicklung zusammen und versuchte, grundlegende Muster und Gemeinsamkeiten zu finden. Da die Zusammenfassung alle wissenschaftlichen und philosophischen Erkenntnisse integrieren sollte, nannte er sie »Integrale Theorie«. Nach Wilber beschreibt die Forschung verschiedene, aufeinander aufbauende Entwicklungsphasen des menschlichen Bewusstseins, der Wahrnehmung, Urteilsfähigkeit und Werteentwicklung. Auf jeder Ebene gilt es, die jeweils notwendigen Herausforderungen zu bewältigen. Jede Ebene bietet völlig neue Erkenntnisse und Fähigkeiten, wirft aber auch neue Probleme auf.

Mit dieser Entwicklungstheorie befassen wir uns ausführlicher im nächsten Kapitel. Aber meine erschreckende Erkenntnis von damals möchte ich Ihnen hier nicht vorenthalten. Durch Wilbers Arbeit erkannte ich, dass das grundlegende Problem mit der Gewaltfreien Kommunikation nicht in der Methode, sondern im Anwender liegt.

Heute erscheint mir diese Einsicht fast trivial, aber damals war sie ziemlich schockierend für mich. Denn ich musste erkennen, dass ich selbst Teil des Problems war. Nach Wilber zeigt jede der psychologischen Entwicklungsebenen des Menschen typische Schattenseiten und ich erkannte alle diese Schattenseiten in mir und anderen Anwendern der Gewaltfreien Kommunikation wieder. Das war ein Schock, denn Wilber hatte ja keinerlei Verbindung zur Gewaltfreien Kommunikation und dennoch hat er all die Fehlentwicklungen beschrieben, die mich auch zunehmend störten. Wie konnte das sein? Wie konnten Wissenschaftler und Philosophen etwas beschreiben, das sie doch gar nicht kannten?

Freiheit und Eigenverantwortung sind die Voraussetzungen der Persönlichkeitsentwicklung.

Aber dann dämmerte mir, wie gesagt, dass das Problem eben nicht in der Methode der Gewaltfreien Kommunikation liegt, sondern in meiner eigenen Wahrnehmung, Interpretation und Anwendung. Die Ursache der Fehlentwicklungen lagen in meiner Bewusstseinsentwicklung. Diese Erkenntnis hat mich anfangs ziemlich entmutigt und führte fast dazu, dass ich die Sache hingeschmissen hätte. Wenn die Gewaltfreie Kommunikation als Methode nicht wirklich hilft, wenn die Ursache für die Probleme, Konflikte und Herausforderungen in der Kommunikation gar nicht durch die vier Schritte gelöst werden können, sondern nur durch eine tiefer gehende Haltungsänderung, dann konnte ich es ja gleich sein lassen.

Meine schmerzliche Desillusionierung mit der Gewaltfreien Kommunikation dauerte über ein Jahr. In dieser Zeit beschäftigte ich mich intensiv mit der Forschung im Bereich der Bewusstseins- und Persönlichkeitsentwicklung. Langsam konnte ich sehen, dass die Gewaltfreie Kommunikation zwar nicht die Lösung aller Probleme bot, ich sie aber auch nicht aufgeben musste. Ich erkannte, dass wir menschliche Schattenseiten ernst nehmen und integrieren müssen. In der Verbindung von Gewaltfreier Kommunikation und psychologischer Entwicklungstheorie fand ich einen Fahrplan für die Entwicklung einer emphatischen, reifen und liebevollen Haltung. Damit hatte ich die Basis für eine Weiterentwicklung der Gewaltfreien Kommunikation gefunden, mit der wir uns jetzt befassen werden.

5.

Menschen wachsen in Stufen

Wir Menschen kommen alles andere als fertig auf die Welt. Tatsächlich sind wir nach der Geburt nicht in der Lage, auch nur wenige Tage ohne die Hilfe und Versorgung durch andere Menschen zu überleben. In einem heute unvorstellbaren Experiment zur Sprachentwicklung hat Friedrich II. Säuglinge ohne Ansprache und Zuneigung aufwachsen lassen, um herauszufinden, welche Ursprache die Kinder entwickeln würden. Das Experiment schlug dramatisch fehl, alle Säuglinge starben. Zum Glück war dieses Experiment eine Ausnahme. Wir wissen instinktiv, das für das Gedeihen von Säuglingen Berührung und Ansprache genauso wichtig sind wie Muttermilch. Wir brauchen Liebe, um gesund aufzuwachsen.

Die seelische und geistige Entwicklung von Säuglingen und Kindern war lange Zeit eine unbekannte Welt. Wir wissen unbewusst, dass wir mit einem Säugling anders sprechen und umgehen müssen als mit einem Sechs- oder Zwölfjährigen. Aber erst seit wenigen Jahrzehnten befasst sich auch die psychologische Forschung mit der seelisch-geistigen Entwicklungen von Kindern. Der schweizer Biologe Jean Piaget (1896 bis 1980) war der Pionier auf diesem Gebiet. Piaget hat die kindliche Entwicklung intensiv beobachtet und dabei sehr unterschiedliche Phasen festgestellt. Dies war der Start der Erforschung der Bewusstseinsentwicklung vom Säugling bis zum Erwachsenen. In meiner Darstellung über die Persönlichkeitsentwicklung beim Erwachsenen beziehe ich mich auf die Arbeit des Psychologen Professor Clare W. Graves (1914 bis 1986), dessen Modell unter dem Namen Spiral Dynamics bekannt wurde. Ich verwende hier eine vereinfachte und alltagstaugliche Variante dieser Entwicklungsforschung. Dabei geht es mir nicht darum, die hier vorgestellten Phasen als die besten oder einzig richtigen darzustellen. Ich möchte Ihnen diese Entwicklungsphasen näherbringen, weil sie so überaus wichtig sind für alle, die sich mit Persönlichkeitsentwicklung und Gewaltfreier Kommunikation befassen.

Die unsichtbaren Brillen, durch die wir die Welt sehen

Von der Geburt bis zum Tod entwickeln sich Menschen durch sehr unterschiedliche Ebenen des Bewusstseins. Ein Kleinkind unterscheidet sich eben nicht nur äußerlich von einem Jugendlichen oder einem Erwachsenen, sondern auch in seinem Blick auf die Welt. Diese Ebenen kann man als Bewusstseins-, Haltungsebenen oder Ebenen der Persönlichkeitsentwicklung bezeichnen. Man kann auch sagen, sie beschreiben den Reifegrad des Erwachsenwerdens. Diese Entwicklungsebenen sind wie eine unsichtbare Brille, durch die wir die Welt um uns herum wahrnehmen, interpretieren und dementsprechend auch reagieren. Der Unterschied ist, dass Sie diese Brille niemals abnehmen können. Aber wir können, um im Bild zu bleiben, uns bewusst machen, welche Farbe die Gläser unserer Brille haben. Vielleicht erinnert Sie das an die Beschreibung des Paradigmenwandels aus den ersten Kapiteln? Dann haben Sie aufmerksam gelesen, denn diese Paradigmen sind eng verbunden mit den Entwicklungsebenen des Menschen.

Die genaue Abgrenzung und die Bezeichnungen der Entwicklungsebenen unterscheiden sich je nach Forschung, aber die grundlegenden Muster zeigen eine große Übereinstimmung. Wichtig für uns ist hier nicht die Zahl der Ebenen oder deren Bezeichnungen, sondern die Tatsache, dass es diese Ebenen, diese Welt-Brillen gibt. Wir Menschen können die Welt um uns herum immer nur durch die Brille unserer jeweiligen Entwicklungsebene wahrnehmen und interpretieren — und das geschieht auch mit Gewaltfreier Kommunikation.

5.1 Die sechs Stufen zum Erwachsenwerden

Eltern kennen das nur zu gut. Säuglinge, Kleinkinder und Jugendliche leben in völlig unterschiedlichen Welten. Die Art, wie ein Säugling die Welt um sich herum wahrnimmt und interpretiert, unterscheidet sich radikal von der Wahrnehmung des Jugendlichen. Das scheint uns selbstverständlich, dabei ist dies eine sehr wichtige Erkenntnis. Eltern müssen lernen, dass ihr Kind sich durch die verschiedensten Phasen hindurch entwickelt und dass sie darauf jeweils angemessen reagieren müssen. Bei einem Säugling müssen sie die nonverbalen Signale verstehen lernen und sich dabei auf ihre eigenen, angeborenen Instinkte verlassen, um herauszufinden, was der Säugling braucht. In dieser Phase hat der Mensch noch wenig Empfinden von sich als eigenständige Person, wir haben noch keine Persönlichkeit und noch kein Ego ausgebildet. Die instinktiven Gefühle und Bedürfnisse, wie Nähe, Hunger, Wärme, bestimmen die Äußerungen. Es gibt noch keine Sprache, durch die wir uns verständlich machen können. Daher bezeichnet die Forschung diese Phase auch als Instinktive Phase.

Schon wenige Monate später sieht das wieder anders aus. Der kleine Mensch entwickelt sich immer mehr zu einer eigenen Persönlichkeit, die davon ausgeht, dass die ganze Welt sich nur um ihn (oder sie) dreht. Die Sprache entwickelt sich mit und wird genutzt, um die eigenen Bedürfnisse zu erfüllen. Vor allem »Ich will haben!« scheint dafür gut zu funktionieren. Dies nennen Forscher die Egozentrische Phase. Wobei man kindliche Egozentrik nicht mit erwachsenem Egoismus verwechseln darf. Die kindliche Egozentrik ist eine wichtige Phase, die, wenn sie gesund durchlaufen wird, in einem stabilen Ich-Gefühl und Selbstwert endet. Erwachsener Egoismus ist eher das Resultat einer defizitären Entwicklung des Selbstvertrauens und mangelhafter Empathiefähigkeit, dass sich dann durch rücksichtsloses Verhalten zeigt.

Langsam wird das Kind sozialer, es fängt zunehmend an, auf die Mitmenschen einzugehen, Kontakt aufzubauen und Beziehungen außerhalb der Familie einzugehen. Die ersten Freundschaften entstehen im Kindergarten. Der Mensch ist ein zutiefst soziales Wesen und auf Gemeinschaft und Zugehörigkeit angelegt – das zeigt sich schon in den ersten Lebensjahren. In dieser Zeit lernen wir die Normen und Regeln des sozialen Miteinanders. Das, was sich gehört und was sich nicht gehört, wird hier durch viele Wiederholungen vermittelt und das hat, auch wenn man es natürlich übertreiben kann, eine wichtige soziale Funktion. Ohne eine Übereinkunft, wie sich ein guter sozialer Kontakt gestaltet, wären wir nicht fähig, als Gemeinschaft zusammenzuleben. Da es in dieser Phase um Anpassung an die sozialen Normen geht, bezeichnet die Forschung diese Entwicklungsphase auch als Konformismus.

Richtig anstrengend wird es für viele Eltern mit dem Erwachen des Verstandes. Das Schulkind beginnt, Regeln zu hinterfragen, zu diskutieren, Recht behalten zu wollen. Wenig später muss man dann mit dem Jugendlichen darüber diskutieren, warum er sich daran beteiligen soll, die Spülmaschine auszuräumen – willkommen im Reich der Rationalität. So nervig sich diese Phase anfühlen mag, in dieser Zeit wächst das heran, worauf unsere moderne Gesellschaft aufbaut: Logik, Empirie und Rationalität. Der rationale Verstand beginnt die Welt nach seinen Kriterien zu erforschen, zu analysieren und zu bewerten. Er stellt abstrakte Regeln und Gesetze auf, sowohl für die Fallgeschwindigkeit von Gegenständen als auch für das Zusammenleben von Menschen. Der Verstand formuliert physikalische Gesetze und allgemein gültige moralische Normen. In dieser Zeit lernen wir auch, die Sichtweisen anderer Menschen zu verstehen und uns in deren Lage zu versetzen – eine wichtige Grundlage der Empathie. Die Forschung bezeichnet diese Phase logischerweise als Rationalität. Mit Abschluss dieser Phase bezeichnen wir einen Menschen als erwachsen.

Allerdings stößt der Verstand schnell an seine Grenzen, wenn es darum geht, den Menschen – geschweige denn die Welt – als Ganzes zu verstehen. Logik ist wichtig, aber die Welt funktioniert nicht immer logisch, noch weniger tut das der Mensch. Paradoxien und irrationale Gefühle wie Liebe gehören ebenso zum Menschsein. Der Verstand muss auch lernen, dass die eigenen Normen häufig von der eigenen Gemeinschaft geprägt sind und andere Kulturen ganz andere Werte vertreten. Da wir in dieser Phase lernen, sehr unterschiedliche Sichtweisen zu tolerieren, nennt die Forschung dies die pluralistische Phase oder Pluralismus.

Freiheit gewinnen
wir durch
freiwillige Arbeit
an uns selbst.

Die letzte große Entwicklungswelle zeigt sich beim Erwachsenen, der durch Lebenserfahrung gelernt hat, dass auch der Pluralismus Grenzen hat und es eine Integration der Eigenschaften und Fähigkeiten aller Entwicklungsebenen braucht. Alle vorhergehenden Ebenen neigen dazu, sich gegenseitig abzuwerten und erst die integrale Ebene kann die Vorgänger anerkennen und würdigen.

Sehr vereinfacht, aber für unsere Zwecke ausreichend, können wir also bis hierher sechs große Wellen der Entwicklung beim Menschen finden: instinktiv, egozentrisch, konformistisch, rational, pluralistisch und integral.

Das sind sechs sehr unterschiedliche Brillen oder Paradigmen, durch die der Mensch die Welt wahrnehmen kann.

Diese Entwicklungsphasen durchlaufen wir alle und wir können dabei keine überspringen. Und wie Sie sich vielleicht schon denken, bleiben diese Bewusstseinsebenen auch in Erwachsenen erhalten. Ein Erwachsener hat seinen Schwerpunkt auf einer oder zwei dieser Ebenen, weil er sich dort am wohlsten fühlt.

Aus Sicht der Gewaltfreien Kommunikation kann man sagen, in jeder dieser Phasen stehen unterschiedliche Bedürfnisse im Mittelpunkt. In der instinktiven Phase geht es um das physische (Über-)Leben und Urvertrauen, auf der egozentrischen Ebene um Selbstwert und Selbstvertrauen. Bei der konformistischen Entwicklung stehen Zugehörigkeit und Gemeinschaft im Zentrum. Während der rationalen Phase leben die Bedürfnisse nach Ordnung und Struktur auf und die pluralistische Ebene kann man mit den Bedürfnissen nach Sinn, Entwicklung und Transzendenz in Verbindung bringen. Die integrale Ebene bringt keine neuen Bedürfnisse hervor, sondern ermöglicht einen umfassenden Blick auf die ganze Entwicklung und die Einordnung in einen größeren Zusammenhang.

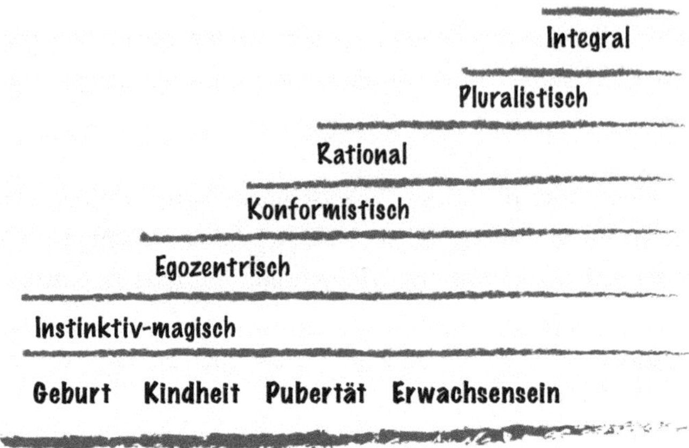

5.2 Es gibt immer Herausforderungen

Unsere Entwicklung vom Säugling zum Erwachsenen ist ein unglaublich komplexer Prozess. Jede dieser Phasen bereitet uns auf das Leben vor und dabei müssen wir enorm viel lernen – körperlich, kognitiv, emotional, sozial – der Mensch ist nicht ohne Grund das anpassungsfähigste Lebewesen. Jede Entwicklungsphase stellt uns vor spezielle Aufgaben und die Art, wie wir sie durchlaufen, prägt uns für den Rest unseres Lebens. So kann sich eine Fehlernährung als Fötus schwerwiegend auf die Hirnentwicklung auswirken, eine emotionale Vernachlässigung in frühen Jahren stört das Ich-Bewusstsein sowie die Beziehung zu sich selbst und zu anderen.

Im folgenden Kapitel beschreibe ich die Errungenschaften und möglichen Fehlentwicklungen der jeweiligen Lebensphase und wir werden sehen, welche Auswirkungen diese für das Verständnis und die Anwendung der Gewaltfreien Kommunikation haben. Aber vorher noch ein wichtiger Hinweis: Die Bewusstseinsentwicklung des Menschen ist ein überaus komplexes Thema und ich vereinfache dies hier auf die Darstellung von sechs Entwicklungsphasen. Diese Vereinfachung ist notwendig, um, wie mit einer Landkarte, einen Überblick über das Gebiet zu bekommen. Mit dieser Landkarte lassen sich hilfreiche Entdeckungen machen, wir können Entwicklungen verstehen und Fehler vermeiden. Aber der Mensch ist sehr, sehr viel komplexer als die Landkarte der Entwicklung suggeriert. Eine Landkarte ist nicht das Gelände. Sie werden sicher Ausnahmen für jedes Beispiel finden, aber diese Ausnahmen bestätigen nur die Regel.

5.3 Alles ist gut. Die instinkthafte Stufe

Es deutet vieles darauf hin, dass Neugeborene nicht die passiven Wesen sind, für die man sie lange gehalten hat. Die Forschung entdeckt immer mehr faszinierende Belege dafür, dass Säuglinge auch von sich aus aktiv auf ihre Umwelt einwirken. Dennoch besteht wenig Zweifel, dass sich das Bewusstsein eines Neugeborenen noch nicht ganz in dieser Welt befindet, oder genauer gesagt es ist die Welt. Am passendsten lässt sich dies als »verschmolzen mit der Welt« beschreiben. Bevor wir uns langsam als das eigenständige Wesen wahrnehmen, das wir sind, bleibt die Erinnerung an das Verschmolzensein mit der eigenen Mutter als unbewusstes Grundgefühl.

In dieser Zeit des verschmolzenen Bewusstseins ist es wichtig, dass der Säugling vor allem eines erlebt: Schutz, Versorgung und Geborgenheit. Das sind die Bedürfnisse, die in dieser Phase vor allem wach sind. Die Instinkte sind ständig damit beschäftigt, diese Bedürfnisse sicherzustellen. Und da ein Neugeborenes noch kein Außen oder keine Welt, keine zeitliche Dimension wie »bald« oder »später« kennt, nimmt der Säugling jegliche Störung und jeden Mangel als im wahrsten Sinne lebensbedrohlich wahr. Dieser Stress ist einerseits schlimm, aber auch unvermeidlich, denn die Trennung vom versorgenden Mutterleib ist real. Aber dieser Stress darf den

Organismus nicht überlasten. Es ist wie immer eine Frage des Ausmaßes. Zu wenig ist genauso schlecht wie zu viel. Da für ein Neugeborenes schon das Zur-Welt-Kommen Stress genug ist, ist in den ersten Monaten eine umfassende physische und psychische Versorgung sicher das Beste, was man ihm angedeihen lassen kann und sollte.

Magisches Denken – der Irrtum der Instinkt-Phase

Diese Rundumversorgung lässt sich als Erfahrung auf der Bewusstseinsebene, als »Alles ist gut«, beschreiben. Ein Gefühl, das wir aus dem Mutterleib mitbringen. Dieses Grundgefühl bleibt allerdings auch in Erwachsenen als eine Sehnsucht nach bedingungsloser Liebe erhalten. Aus der unklaren Trennung von Ich und Umwelt entsteht das, was man beim Kind als magisches Denken bezeichnet. Damit beschreibt man die kindliche Überzeugung, dass es mit seinen Gedanken direkt die physische Umwelt beeinflussen kann. Kleine Kinder glauben, dass Mama oder Papa, die zerbrochene Tasse einfach wieder heil machen können oder dass die Wolken am Himmel ihnen hinterherlaufen. Das ist kindliches, magisches Denken aus der noch nicht abgeschlossenen, verschmolzenen Entwicklung. Wenn die Umwelt und ich eins sind, dann muss ich sie doch auch direkt verändern können. Als Kind ist dieses Denken völlig normal. Aber wenn Erwachsene noch glauben, dass sie mit ihren Gedanken die physische Welt direkt beeinflussen können (Parkplatz beim Universum bestellen und Ähnliches), dann zeigt sich darin ein noch nicht integrierter Teil dieser verschmolzenen Phase.

Für das Verständnis der Gewaltfreien Kommunikation hilft es sehr, wenn Sie versuchen, sich innerlich noch einmal in die Bedürfnisse der jeweiligen Phase hineinzuversetzen. Wir haben an diese erste Phase meist keine bewusste Erinnerung. Dafür ist sie zu früh, Erinnerungen brauchen ein Ich-Bewusstsein, das kommt erst später. Aber Sie können erahnen, wie sich diese Bedürfnisse nach Überleben, Schutz und Geborgenheit anfühlen, denn sie stecken uns noch in jeder Zelle, im wahrsten Sinne des Wortes.

5.4 Wer bin ich? Die egozentrische Stufe

In der egozentrischen Phase müssen wir uns von einer mit unserer Umwelt verschmolzenen, instinktmäßigen Wesenheit zu einer eigenständigen Person mit einem Ich, einem Ego, entwickeln. In der Egozentrischen Phase geht es um die Entwicklung eines eigenständigen Selbst, um Selbstvertrauen und um das Urvertrauen in die Welt, dass dieses Selbst willkommen ist. Sie sehen schon an den Begriffen »Selbstwert« und »Selbstvertrauen« welche zentrale Wichtigkeit diese Entwicklung hat und welche Auswirkungen daher eine Fehlentwicklung in dieser Phase haben kann. Wenn die Entwicklung gut verläuft, entwickeln wir ein stabiles Selbstwertgefühl. Das heißt nicht, dass uns keine Kritik trifft oder wir niemals an uns zweifeln. Es bedeutet, dass unser seelisches Gerüst ausreicht, um emotionale Verletzungen verarbeiten und damit gut weiterleben zu können. Dies wäre ohne ein stabiles Ego nicht möglich. Das klingt einfach, es beschreibt aber eigentlich einen mysteriösen Vorgang, der uns vom Tier unterscheidet. Der Mensch entwickelt ein Ego – das ist fantastisch und erschreckend. Wir wissen alle, wie zerstörerisch und gewalttätig der Mensch werden kann, wenn er sein Ego bedroht sieht oder durchsetzen will. Das Ich steht ständig vor der Wahl, das Richtige oder Falsche zu tun. Wir stehen alle zwischen den Polen des Guten und des Bösen. Das Ego ist die Voraussetzung dafür, in unseren Handlungen frei entscheiden zu können. Ohne Ego können wir nicht leben, aber die Schwierigkeiten mit dieser Ebene sind uns allen bewusst.

Narzissmus, Depression, Egoismus – die Kehrseite der Egozentrik

Die Kehrseite der egozentrischen Entwicklung ist entweder eine Über- oder Unterentwicklung des Egos mit allen Konsequenzen, die das haben kann. Eine Form der Überentwicklung nennen wir Narzissmus, dessen Folge eine übertriebene Selbstüberschätzung ist. Die Depression könnte man als Unterentwicklung des Egos sehen, dessen Folge eine übertriebene Selbstabwertung ist.

Diese Fehlentwicklungen entstehen vermutlich als Abwehrreaktion auf dauernde und zu starke Verletzungen des Selbstwertgefühls in der Kindheit. Wenn wir der egozentrischen Phase zu wenig Aufmerksamkeit, Zuspruch und Wohlwollen erfahren, kann unser Ego aus der Bahn geraten. Es entwickelt entweder einen Abwehrimpuls gegen alle weitere Kritik und Bewertung von außen, indem es sich sagt: »Wenn ich schon nicht bekomme, was ich brauche, betrachte ich mich selbst als der Beste und Größte.« Oder das Ego schützt sich vor weiterer Abwertung und übernimmt die Kritik, indem es dieser zuvorkommt und sich selbst ständig abwertet. Narzissmus und Depression sind psychische Störungen und sie machen niemanden zu einem schlechten Menschen. Eine narzisstische/depressive Störung ist für Beziehungen sehr belastend und bedarf auch aus diesem Grund therapeutischer Hilfe.

Eine weitere Fehlentwicklung der egozentrischen Phase ist der erwachsene Egoismus. Damit meine ich keine gesunde Form der Selbstfürsorge, die nach Abwägung der Interessen »Nein« sagen kann und es auch aushält, wenn andere damit unzufrieden sind. Der erwachsene Egoismus ignoriert die Bedürfnisse anderer Menschen und kämpft nur noch für seine eigenen Interessen.

Selbstwert und Selbstvertrauen sind die zentralen Bedürfnisse, die sich auf der egozentrischen Ebene gesund entwickeln und von den Bezugspersonen des Kindes erfüllt werden müssen. Anders als Erwachsene sind Kinder darauf angewiesen, dass ihre Bedürfnisse von außen erfüllt werden. Aus sich heraus kann kein Kind einen gesunden Selbstwert und gesundes Selbstvertrauen entwickeln. Diese Bedürfnisse sind, wie man sagt, beim Kind noch extrinsisch, also auf die Erfüllung von außen angewiesen. Nur wenn ein Kind genug Aufmerksamkeit, Zuspruch, Lob und Unterstützung bekommt, werden diese Bedürfnisse dann intrinsisch, das heißt als Erwachsener hat er oder sie später einen ausreichend stabilen Selbstwert und Selbstvertrauen. Vielleicht kennen Sie das Phänomen, dass bei manchen Menschen Anerkennung und Wertschätzung einfach nicht ankommen? Sie können

Wir können lernen, das Leben so zu akzeptieren, wie es ist.

noch so viel Positives zu ihnen sagen, es reicht einfach nie. Das ist die Folge eines Selbstwerts, der in der egozentrischen Phase nicht ausreichend erfüllt wurde und so extrinsisch bleibt.

5.5 Wo gehöre ich hin? Die konformistische Stufe

Unser Bewusstsein entwickelt sich ständig weiter und diese Entwicklung speist sich aus zwei Quellen. Zum einen haben wir einen inhärenten Antrieb zur Weiterentwicklung und zum anderen wird diese Entwicklung durch die Umwelt gefördert. Die Entwicklung hat dabei eine gleichbleibende Grundstruktur. Jede Phase entwickelt spezielle Fähigkeiten und Qualitäten. Die nächste, höhere Ebene erhält diese Qualitäten, integriert und transformiert sie. Die wesentliche Qualität des Egos bleibt auch auf der nächsten, der konformistischen Ebene erhalten, aber dennoch ist das konformistische Ego nicht zu vergleichen mit dem Ego der egozentrischen Stufe.

Das menschliche Bewusstsein kann nicht auf der egozentrischen Ebene stehen bleiben. So wichtig ein gesundes Ego ist, so sind wir vor allem soziale Wesen. Menschen werden in Gemeinschaften groß, in der Familie, später im Umfeld von Freunden und Bekannten. In diesen Gemeinschaften gibt es Regeln und Normen, die für das soziale Leben notwendig sind. Wie benimmt man sich so, dass niemand unnötig gestört wird? Was gehört sich bei sozialen Zusammenkünften? Wie begrüßt man sich und verhält sich höflich und respektvoll? Was muss man tun, wenn man die Regeln der Gemeinschaft verletzt hat? Es gibt scheinbar unendlich viele soziale Normen und Regeln, die wir alle unbewusst lernen. Wir lernen, uns an die Gemeinschaft anzupassen, wir werden konformistisch. In dieser Beschreibung wird hoffentlich deutlich, wie wichtig diese Phase ist. Ohne eine gesunde konformistische Entwicklung wäre ein friedliches, produktives Zusammenleben und -arbeiten unmöglich. Und natürlich kann es auch in dieser Phase Fehlentwicklungen geben – dazu kommen wir gleich.

Jede Gruppe entwickelt Werte und Normen, die es für die Definition der Gruppenzugehörigkeit und für das Funktionieren der Gruppe benötigt. Wenn sich eine Gruppe treffen will, dann wird sich so etwas wie Pünktlichkeit als Gruppenwert entwickeln. Diesem Wert hat sich das Ego unterzuordnen oder es droht der Ausschluss aus der Gruppe. Genauso lernt unser Ego, sich in Gesprächen zurückzuhalten, anderen zuzuhören, und auf deren Interessen Rücksicht zu nehmen. Das klingt vielleicht repressiv, als würde unser Ego in Gruppen ständig unterdrückt. Das kann der Fall sein, aber in den allermeisten Fällen geschieht diese Unterordnung freiwillig und ist gesund. Wenn Menschen in der konformistischen Entwicklungsphase sind, liegt das Augenmerk auf der Zugehörigkeit zu einer Gruppe. Daher brauchen Jugendliche in dieser Phase einen Freundeskreis, zu dem sie gehören. Dazu gehört auch die Abgrenzung von anderen Gruppen und den eigenen Eltern, weil man dadurch die eigene Individualität und Zugehörigkeit zur eigenen Gruppe noch stärker spürt.

Daran erkennen wir, wie abhängig wir im Grunde von der Unterstützung und Mithilfe durch unsere Mitmenschen sind. Diese Abhängigkeit war in früheren Jahrhunderten aufgrund mangelnder Infrastruktur noch viel stärker wahrnehmbar als heute. Heute leben viele Menschen allein und denken, sie bräuchten keine Gruppe, in der sie sich aufgehoben sehen. Ich glaube, das ist ein Irrtum, denn das emotionale Bedürfnis nach Zugehörigkeit bleibt erhalten.

Gruppenzwang – die Schattenseite des Konformismus

Es gibt viele Experimente, die zeigen, wie sehr sich Menschen mit ihrer Meinung und ihrem Verhalten an ihrer Gruppe orientieren. Es fällt vielen sehr schwer, sich bewusst gegen die Mehrheit zu stellen. Unser starker Wunsch nach Zugehörigkeit zeigt uns, wie sehr wir emotional auf das Wohlwollen und Vertrauen der Menschen angewiesen sind, mit denen wir uns verbunden fühlen.

Gruppenregeln, also die Vereinbarung über gewünschtes Verhalten in einer Gruppe, kann man als Versuch sehen, diese Anpassung des Einzelnen an die Gruppe zu vereinfachen. Eine Gruppenregel sagt im Grunde: »Wenn du xyz tust/sagst (oder lässt), dann kannst du sicher sein, dass du in der Gruppe angenommen und willkommen bist.« Wenn ich jemandem nicht ständig ins Wort falle, dann wird dies als respektvoll angesehen. So gibt es viele Regeln, die wir in einer Gruppe beachten können, um auf der sicheren Seite zu sein. Meist sind diese Regeln eine unausgesprochene Übereinkunft, manchmal werden diese Regeln auch bewusst beschlossen.

Die gefühlte oder tatsächliche Abhängigkeit von der Gruppe kann dazu führen, dass wir unsere eigenen, individuellen Interessen und Wünsche viel stärker einschränken als notwendig. Aus Angst vor einer möglichen Ablehnung durch die Gruppe, ordnen wir uns der (vermuteten) Gruppenmeinung schon mal vorsorglich unter. Wenn wir eine mehr oder weniger klare Vorstellung von der Gruppenmeinung haben, dann zensieren wir unsere eigenen Wünsche so weit, dass sie in diesen Rahmen passen. Das geschieht nicht bewusst. Unpassende Wünsche tauchen einfach nicht in unserem Bewusstsein auf. Das kann soweit führen, dass Menschen jeden authentischen Impuls zensieren und in einer Gruppe erst einmal gar nichts sagen, um nicht unangenehm aufzufallen.

In manchen Unternehmen lautet eine, meist unausgesprochene, Regel: »In letzter Konsequenz hat der Vorgesetzte recht!« Eine solche Norm bringt Mitarbeiter in einen inneren Konflikt, wenn sie finden, dass ihr Vorgesetzter falsch liegt. Der Konflikt zeigt sich dann beim Mitarbeiter in einem inneren Dialog. Eine innere Stimme sagt »Was der Vorgesetzte behauptet, ist falsch, das muss ich korrigieren!« Darauf antwortet eine andere Stimme: »Ich kann unmöglich sagen, dass er falsch liegt. Dann werde ich herausgeworfen.« Hier kann man die Wirkung der Entwicklungsebenen in Aktion sehen. Der Mitarbeiter sieht keinen Weg, seine Bedürfnisse nach Selbstbehauptung und Zugehörigkeit unter einen Hut zu bringen. Nun kann man daran arbeiten, einen Weg aus diesem inneren Konflikt zu finden.

Oder man kann den inneren Konflikt zu einem äußeren machen, indem man über die Sinnhaftigkeit einer solchen Unternehmenskultur diskutiert. Wichtig ist, zu sehen, wie stark diese Entwicklungsebenen in Menschen wirken. Jede Gruppenregel kann zu Konflikten führen, wenn sie mit den Bedürfnissen der Mitglieder nicht zu vereinbaren ist.

In der Gewaltfreien Kommunikation versuchen wir, zu verstehen, was die tiefere Motivation für unser Denken und Handeln ist. Wenn wir uns verändern möchten, kommen wir schnell in Konflikt mit unserem Bedürfnis nach Zugehörigkeit. Diese Veränderung wird vom Umfeld, der Familie, Freunden und Kollegen, nicht immer positiv aufgenommen. Vielleicht haben wir unsere Berufswahl an den Wünschen der Eltern ausgerichtet und selbst als Erwachsener noch Angst, die Eltern zu enttäuschen, wenn wir aus dem ungeliebten Beruf aussteigen. Oder wir fahren seit Jahren mit dem alten Freundeskreis in den Urlaub, obwohl wir schon lange keine Lust mehr darauf haben. Wenn wir um unsere Zugehörigkeit fürchten, passen wir uns oft lieber an die Erwartungen der anderen an.

5.6 Wo ist der Beweis? Die rationale Stufe

Wenn die Ego-Entwicklung und die konformistische Phase der Zugehörigkeit halbwegs gesund durchlaufen sind, dann ist der Mensch in der Lage, in dieser Welt zu überleben. Und erst wenn dieses Überleben gesichert ist, kann das wachsen, was den Menschen besonders auszeichnet: Rationalität. In der rationalen Phase lernen wir, uns selbst und die Welt völlig neu wahrzunehmen. Der Verstand betrachtet und untersucht die Welt da draußen von einem distanzierten Standpunkt aus. Er untersucht und analysiert die Welt nach seinen logischen, rationalen Maßstäben und Gesetzen. Der Verstand trennt uns noch mehr von der Welt und auch unseren ersten Bezugspersonen, das ist ein Aspekt des seelischen Erwachsenwerdens.

Das kindliche Ego wird von der Rationalität in einen neuen Rahmen gestellt. Das Ich denkt, die Welt da draußen kann ich mir unterwerfen, sie ist nur ein Mittel für die Befriedigung meiner Wünsche. Die Rationalität versetzt diesem Impuls einen heftigen Dämpfer. Das kindliche Ego muss lernen, dass die Welt nach eigenen Naturgesetzen funktioniert und sich nicht nach seinen egozentrischen Wünschen richtet.

Die Rationalität untersucht auch die konformistischen Normen, Gesetze und sozialen Vereinbarungen nach den Kriterien von Logik und Universalität. Die Rationalität relativiert viele vermeintlich wahre Aussagen und führte so gesellschaftlich zu weitreichenden kulturellen und sozialen Veränderungen. Sie ist die Grundlage für Humanismus, Toleranz, Gleichberechtigung von Frau und Mann, die Rechte der Kinder, aber auch für Umweltbewusstsein und Tierrechte – alles wichtige Errungenschaften der Moderne.

Entfremdung – der Preis der Rationalität

Aber auch die rationale Entwicklung kann die Sache zu weit treiben. Der Mensch ist mehr als Verstand und Logik. Wir haben komplexe Gefühle, deren Verlauf eine innere Sinnhaftigkeit hat, die unser Verstand manchmal nicht erfasst. Partnerschaft und Liebesbeziehungen lassen sich nicht logisch und verstandesmäßig gestalten.

Wenn ich mit Klienten arbeite, stellen sie fest, wie sehr sie durch emotionale Muster aus der Kindheit geprägt sind. Diese Gefühle haben eine Geschichte, die weit zurückführt in kindliche Erfahrungen. Im Rückblick sind diese Erfahrungen aus heutiger, erwachsener Sicht oft nicht rational-logisch. Wir verstehen nicht immer, warum wir auf bestimmte Ereignisse in der Kindheit reagiert haben. Dennoch hat das Kind eine emotionale Erfahrung von Angst oder Alleinsein gemacht. Das war eine gefühlte Realität. Der erwachsene Verstand muss meist erst wieder lernen, dass auch diese innere, psychische Logik eine sinnvolle Erkenntnis darstellt.

Wenn diese emotionale Integration nicht stattfindet, dann entsteht das, was man Entfremdung oder Dissoziation nennt. Menschen können dann zwar über Gefühle sprechen, diese aber kaum körperlich wahrnehmen oder stimmig ausdrücken. Diese Menschen haben gelernt, Gefühle stark zu unterdrücken. Das Zulassen von Gefühlen wäre in der Kindheit zu gefährlich gewesen. Diese Dissoziation ist prinzipiell eine sinnvolle Fähigkeit unserer Psyche, die uns vor Überforderung schützt, aber die emotionale Kontrolle kann zu weit gehen und so die weitere Entwicklung behindern.

Wenn wir aus Sicht der Gewaltfreien Kommunikation auf diese Ebene schauen, dann sehen wir, dass die Bedürfnisse nach Verstehen, Ordnung und Struktur hier ihren Ursprung haben. Sie sind dafür verantwortlich, dass Menschen alles in ihrer Umwelt verstehen, strukturieren und ordnen wollen. Die Reinform der Rationalität dafür finden wir in den Naturwissenschaften, die das Verstehen, Ordnen und Strukturieren perfektioniert haben.

5.7 Alles ist relativ. Die pluralistische Stufe

Unser Verstand ist ein so mächtiges Werkzeug, dass er gerne die ganze Welt in seine Kategorien von Logik, Empirie und Gesetzmäßigkeiten einordnen möchte. Aber die Welt ist viel zu komplex, um den Bedingungen des Verstandes zu genügen. Sogar die physische Grundlage des Verstandes, das menschliche Gehirn, ist so komplex, dass es noch niemand wirklich versteht. Der Verstand versteht sich selbst nicht – das hat eine gewisse Komik. Hinzu kommt, dass sich gezeigt hat, wie aktiv unser Gehirn an der Wahrnehmung der Welt beteiligt ist. Der Verstand betrachtet die Welt gar nicht objektiv, vielmehr konstruiert er diese Wahrnehmung in hohem Maße mit. Unser Organismus hat unbewusste Regeln, nach denen er die Welt wahrnimmt und häufig hat diese Wahrnehmung wenig mit einer objektiven Realität zu tun. Sie sind Konstruktionen, keine Wahrnehmungen. Ein Beispiel für eine Konstruktion sind optische Täuschungen, denen wir unterliegen. Diese Täuschungen liegen nicht in den Bildern selbst, unser Gehirn erzeugt sie, ohne dass wir das verhindern können. Diese Erkenntnis hat zur Entwicklung des sogenannten Konstruktivismus geführt, der behauptet, dass im Grunde jede Wahrnehmung und Erkenntnis von uns Menschen nicht objektiv wahr sein kann, sondern psychologisch oder sozial konstruiert ist.

Die Erkenntnis über die Begrenztheit des rationalen Verstandes führt zu einer weiteren Entwicklungsebene, die man heute Pluralismus oder Postmoderne nennt. Wenn es nicht mehr die Wahrheit gibt, sondern Menschen sich ihre Wahrheiten konstruieren, dann müssen wir sehr vorsichtig mit Wahrheitsansprüchen sein. So sind Subjektivität, Toleranz, Gleichheit und Gleichberechtigung stark ausgeprägte Werte im Pluralismus. Die pluralistische Entwicklungsphase entsteht auch als Gegenbewegung auf die Entfremdung, die durch die Getrenntheit der Rationalität von den eigenen Gefühlen entsteht. Gefühle wie Trauer oder Liebe lassen sich vielleicht auch rational begründen, aber diese Erklärung fühlt sich nicht stimmig und richtig an. Menschliches Miteinander lässt sich nicht mit rationalen Begriffen beschreiben. Natürlich kann man Verliebtheit als ein chemisches Ungleichgewicht im Gehirn beschreiben, aber in dieser Definition wird sich niemand wiederfinden, der sich gerade verliebt hat.

Subjektive Gefühle spielen eine wichtige Rolle im Pluralismus. Menschen möchten sich auch in ihren Gefühlen gehört und verstanden fühlen. Da es keine allgemeinen Wahrheiten mehr gibt, bleibt nur die eigene, subjektive Wahrheit. Und diese drückt sich – neben der vom Pluralismus nicht so geschätzten Rationalität – eben vor allem im Erleben von Gefühlen aus. Etwas muss sich gut und richtig anfühlen im Pluralismus. Die Erforschung der eigenen Persönlichkeit, der Gefühle und Körperlichkeit nimmt daher einen im Pluralismus wichtigen Platz ein. Wie unschwer zu erkennen, bildet diese Entwicklungsebene häufig den Schwerpunkt von Menschen, die sich für die Gewaltfreie Kommunikation interessieren.

Alle sind gleich und alles ist wahr – der Irrsinn des Pluralismus

Der Pluralismus ist die beherrschende Weltsicht in den modernen Gesellschaften. Er ist im wahrsten Sinne des Wortes der Zeitgeist. Da der Pluralismus so viele positive Entwicklung in diese Welt gebracht hat, wie oben ansatzweise beschrieben, können sich viele kaum vorstellen, dass auch der Pluralismus Fehlentwicklungen aufweist. Die Fehlentwicklungen ergeben sich häufig aus der Übertreibung der positiven Seiten der jeweiligen Ebene, das haben wir schon in einigen Beispielen gesehen. Egozentrik ist gut und wichtig, zu viel Egozentrik wird zu Egoismus. Konformismus ist notwendig für soziales Leben, zu viel Konformismus erstickt die Individualität. Rationalität ist Basis unserer modernen Wissenschaft, zu viel Rationalität wird unmenschlich. Der Blick auf die Fehler der pluralistischen Entwicklungsphase ruft meiner Erfahrung nach oft Widerstand hervor. Gleichberechtigung ist doch gut, wie kann zu viel Gleichberechtigung schlecht sein? Toleranz ist doch wichtig, wie kann zu viel Toleranz schlecht sein? Gefühle sind doch wahr und wichtig, was kann an Gefühlen falsch sein?

Um die gravierenden Probleme der pluralistischen Entwicklungsebene zu verstehen, müssen wir uns etwas mit den Hintergründen dieser Entwicklung befassen. Der US-amerikanische Philosoph Ken Wilber beschreibt die Problematik des Pluralismus folgendermaßen (Wilber verwendet statt Pluralismus den Begriff Postmodernismus): »Der extreme Postmodernismus ging also von der edlen Einsicht, dass alle Perspektiven ein faires Gehör finden müssen, zu dem widersprüchlichen Glauben, dass keine Perspektive besser ist als jede andere ... Unter der intensiven Schwere des Flachlandes [Anmerkung: Flachland nennt Wilber die pluralistische Gleichmacherei] wurde das integrale Perspektivbewusstsein einfach zu aperspektivischem Wahnsinn – der widersprüchliche Glaube, dass kein Glaube besser ist als jeder andere – eine totale Lähmung des Denkens, Willens und Handelns angesichts einer Million Perspektiven, die alle genau die gleiche Tiefe haben, nämlich Null!« (Wilber 1998: 106, eigene Übersetzung)

Der Pluralismus übertreibt es mit der Anerkennung und Gleichsetzung aller Perspektiven, die wir einnehmen können. So hilfreich und segensreich es war, zu erkennen, dass jeder Mensch seine Wahrheit hat, so fatal ist die Ansicht, dass alle diese Wahrheiten gleich (wichtig) sind. So wird aus humaner Toleranz naive und gefährliche Beliebigkeit. Der Pluralismus verurteilt die Hierarchie von Werten, übersieht dabei aber, dass er selbst eine Wertehierarchie hat. Denn die Aussage, dass es keine allgemeinen Wahrheiten gibt, wird im Pluralismus als letztendlich wahr angesehen.

Aus der eigenen Angst, bewertet zu werden, gibt der Pluralismus vor, nicht mehr zu bewerten und nennt dies Toleranz. Toleranz ist ein hoher Wert, ohne den ein soziales Miteinander unmöglich ist. Aber es gibt leider Menschen, denen ein soziales Miteinander ziemlich egal ist, die andere Menschen ausnutzen oder schädigen. Gegenüber diesen Menschen schlägt zu viel Toleranz nach hinten aus. Toleranz gegenüber Egoisten wird sich rächen, wenn man es nicht schafft, sich abzugrenzen und Nein zu sagen. Unreflektierte Toleranz sägt den Ast ab, an dem sie wächst.

Eine der größten Fehlentwicklungen des Pluralismus ist seine Schwierigkeit, die Eigenschaften der Entwicklungsebenen vernünftig zu analysieren und gesund zu integrieren. Dafür müsste der Pluralismus Werturteile treffen und weil er das unbedingt vermeidet, kann er die auftretenden Widersprüche und Schattenseiten nur durch naiv-kindliches Wegschauen lösen. Aber diese Lösung schafft neue, noch schwierigere Probleme.

Für das Verständnis der Gewaltfreien Kommunikation spielt der Pluralismus eine entscheidende Rolle. Die Gewaltfreie Kommunikation steht in ihrem Werteverständnis natürlich den pluralistischen Werten von Humanismus, Gleichberechtigung und Toleranz sehr nahe. Und die meisten Menschen, die sich für die Gewaltfreie Kommunikation interessieren, haben ihren Schwerpunkt auf oder nahe dieser Entwicklungsebene. Die Gewaltfreie Kommunikation ist ein Kind des Pluralismus, mit allen Vor- und Nachteilen, auf die wir noch ausführlich eingehen werden.

5.8 Alles hat seine Zeit. Die integrale Stufe

Wenn Sie das Buch bis hierher mit Interesse gelesen haben, können Sie sicher sein, dass Sie sich in der sogenannten integralen Entwicklungsebene befinden. Damit will ich Ihnen gar nicht schmeicheln, denn für diese Entwicklung sind ja nicht nur Sie selbst verantwortlich. Die Forschung hat festgestellt, dass sich die integrale Entwicklungsphase in wichtigen Punkten grundsätzlich von den vorhergehenden Phasen unterscheidet.

Wenn Erwachsene diese Ebene erreichen, können sie einen weiteren, umfassenderen Blick auf die Welt und den Menschen einnehmen. Während jede Phase davor vor allem mit sich selbst beschäftigt ist, kann man in der integralen Phase sozusagen den Blick heben und das Ganze in Augenschein nehmen. Um noch mal die Metapher der Brille zu bemühen: In der integralen Ebenen verstehen Sie, dass Sie eine Brille aufhaben und immer aufhaben werden. Sie erkennen die Entwicklungsphasen und können die jeweiligen Vor- und Nachteile nüchtern analysieren, bewerten und daraus Schlüsse für die Persönlichkeitsentwicklung ziehen.

Die integrale Ebene zeichnet sich darüber hinaus durch die Fähigkeit aus, paradoxe Antworten auszuhalten. Damit ist gemeint, dass es auf viele wesentliche Fragen keine eindeutigen Antworten gibt. Ist der Mensch seinem Wesen nach gut oder böse? Wenn er gut wäre, wäre Gewaltfreie Kommunikation überflüssig, weil es dann nichts zu verbessern gäbe. Wenn der Mensch seinem Wesen nach böse wäre, käme er gar nicht auf die Idee, sich verbessern zu wollen. Gewaltfreie Kommunikation ergibt nur Sinn, wenn der Mensch sowohl das Gute wie das Böse in sich trägt. Aber dann ist das Böse doch für etwas gut und das Gute braucht das Böse um gut zu sein. Auf solche Paradoxien stoßen wir immer wieder und sie lassen sich nicht auflösen.

Jetzt verstehen Sie vielleicht, warum ich gesagt habe, dass Sie sich auf der integralen Ebene befinden, wenn Sie dieses Buch bis hierher gelesen haben. Wenn Sie es nicht wären, hätten Sie das Buch schon lange aus der Hand gelegt. Die pluralistische Ebene findet meine Aussagen zu hart, sie mag meine Haltung zu Bewertungen, Hierarchien und Entwicklung nicht. Die rationale Ebene würde ein Buch über Gefühle nicht anfassen und außerdem schreibe ich viel zu unwissenschaftlich. Für die konformistische Ebene bin ich viel zu undogmatisch und habe keine klare (Glaubens-)Richtung. Und ein Egozentriker liest sowieso nur seine eigenen Bücher.

Die Probleme der integralen Entwicklungsebene

Wie jede andere Entwicklungsebene wird auch die integrale Phase ihre eigenen Probleme entwickeln. Die Schwierigkeit ist nur, das die integrale Entwicklung noch zu neu und aktuell ist, sodass wir noch nicht genug Abstand dazu einnehmen können, um diese Fehlentwicklungen zu erkennen. Mit großer Wahrscheinlichkeit ist einer der Fehler eine Überheblichkeit, die entstehen kann, weil man sich für besonders weit entwickelt hält. Manche Forscher beschreiben dies als spirituelle Arroganz. Aber darüber hinaus ist es schwierig, die Probleme der integralen Entwicklungsphase genauer aufzuzeigen – da wissen wir erst in einigen Jahren mehr.

Für die Weiterentwicklung der Gewaltfreien Kommunikation ist die integrale Ebene von entscheidender Bedeutung. Nur durch ein integrales Verständnis kann die Gewaltfreie Kommunikation realistisch und lebenspraktisch verstanden und eingesetzt werden. Die instinktive Ebene versteht die Methodik nicht, die Egozentrik missbraucht sie für ihre eigenen Zwecke, die konformistische Phase macht aus ihr ein neues Gruppendogma, die Rationalität versucht eine Gesprächstechnik zu entwickeln und der Pluralismus macht aus der Gewaltfreien Kommunikation eine naive Harmoniemethode. Nur durch die Integration der Entwicklungstheorie kann man die Gewaltfreie Kommunikation wieder auf eine feste Basis stellen.

5.9 Entwicklungsebenen sind real und gefährlich

Mir ist bewusst, dass diese Theorie der Entwicklung Unbehagen, manchmal sogar Ablehnung auslösen kann. Immer wenn jemand den Menschen in eine Schublade stecken möchte, springt ein natürlicher Reflex an, der unsere Individualität und Autonomie verteidigen möchte. Außerdem gibt es natürlich in der Geschichte viele Beispiele für den Missbrauch von mehr oder weniger haltbaren psychologischen Theorien. Wer schlechte Absichten und die entsprechenden Mittel hat, kann, vermeintlich wissenschaftlich unterstützt, weniger entwickelte Menschen benachteiligen, unterdrücken oder ihnen noch Schlimmeres antun. Die Vorsicht gegenüber Entwicklungstheorien ist also sehr berechtigt.

Aber die Tatsache, dass man diese Konzepte missbrauchen kann, bedeutet nicht, dass sie falsch sind. Es heißt nur, dass diejenigen, die sie missbrauchen, moralisch verwerflich handeln und keine Rücksicht auf Menschen nehmen. Höhere Entwicklungsebenen zeichnen sich potenziell durch mehr Empathie, mehr Offenheit und mehr Vernunft aus.

Für mich hat sich durch diese Erkenntnisse über den Menschen eine neue und hilfreiche Sichtweise auf die Gewaltfreie Kommunikation eröffnet. Wir alle haben die beschriebene Entwicklung durchlaufen. Niemand kommt mit einem rationalen Bewusstsein auf die Welt, die Reihenfolge der Entwicklung ist universell, jeder beginnt bei Start und niemand kann einfach ins Ziel springen. Und auch wenn wir alle Ebenen potenziell in uns tragen, so sind im Erwachsenen nicht immer alle Ebenen gleichermaßen präsent und aktiv. Zum einen kann man feststellen, dass wir alle einen Schwerpunkt der Entwicklung haben, mit dem wir uns am wohlsten fühlen. Und dann kann sich unser aktueller Entwicklungsstand ändern, wenn wir beispielsweise in einem Konflikt sind oder unter Stress stehen.

Die Entwicklungstheorie ist der Boden, auf dem die Gewaltfreie Kommunikation steht. Meine wesentliche Aussage in diesem Buch ist, dass es nicht **die** Gewaltfreie Kommunikation gibt. Wenn man die Entwicklungsebenen verstanden hat, erkennt man, dass jede Ebene die Gewaltfreie Kommunikation auf ihre ganz eigene Art versteht und anwendet.

Wichtige Eigenschaften der Entwicklungsphasen

Zu diesen Entwicklungsebenen gäbe es noch viel zu sagen, ich möchte mich hier auf die wichtigsten Punkte beschränken. Entwicklungsebenen sind nichts, was wir einfach so in uns erkennen und untersuchen können. Wir leben in und mit ihnen und entdecken sie erst dann, wenn wir anfangen, die Muster unserer Wahrnehmung und Denkstrukturen bewusst zu untersuchen. Das hat die Psychologie und Sozialforschung viele Jahrzehnte lang getan, mit sehr eindeutigen Ergebnissen. Entwicklungsebenen sind keine Idee oder kein soziales Konstrukt, das wir anwenden können oder nicht. Die Entwicklungsebenen beschreiben die Grundlage unserer Wahrnehmung und Interpretation der Welt. Übrigens gibt es auch Aussagen über die ungefähre, prozentuale Verteilung des Entwicklungsschwerpunkts der erwachsenen Bevölkerung:

Instinktive Ebene: maximal 1 Prozent,
Egozentrische Ebene: circa 10 Prozent,
Konformistische Ebene: circa 15 Prozent,
Rationale Ebene: circa 40 Prozent,
Pluralistische Ebene: circa 25 Prozent und
Integrale Ebene: maximal 10 Prozent.

Diese Zahlen sind Forschungsergebnisse für Erwachsene Anfang der 2000er-Jahre in den USA. Die genauen Zahlen unterscheiden sich je nach Untersuchung etwas, aber die Größenordnungen sind sehr ähnlich.

Es gibt nicht die eine Gewaltfreie Kommunikation.

Wir haben alle alles, aber nicht immer

Beim gesunden Erwachsenen sind potenziell alle Entwicklungsebenen vorhanden. Darin sind wir uns ähnlich und das verbindet uns. Wir können potenziell vernünftige, offene und liebesfähige Wesen werden. Das sind gute Nachrichten. Als Erwachsene haben wir einen Entwicklungsschwerpunkt auf einer oder zwei Ebenen. Auf diesen fühlen wir uns besonders wohl. Wenn wir in Umständen groß geworden sind, in denen vor allem die Anpassung an die Wünsche anderer Menschen wichtig war (Konformismus), dann ist es unwahrscheinlich, dass wir als Erwachsene zum egozentrischen Einzelgänger werden.

Wer seinen Schwerpunkt auf der rationalen Entwicklungsphase hat, tut sich schwer, mit Gefühlen umzugehen. Das zeigt sich dann sowohl am Arbeitsplatz als auch in der Familie mit dem Partner oder den Kindern. Eine Führungskraft im Unternehmen wird sich unbewusst an die Unternehmenskultur anpassen, die vielleicht durch Effizienz und ein kaltes menschliches Klima geprägt ist. Diese Führungskraft wird sich in ihrer Familie nicht gleich verhalten wie im Unternehmen, aber wenn man genau hinsieht, wird man die zugrunde liegende Entwicklungsebene wiedererkennen. Natürlich kann sich dieser Schwerpunkt auch je nach Kontext etwas verschieben. Aber es ist unwahrscheinlich, dass Sie sich dauerhaft von Ihrem Schwerpunkt entfernen, außer Sie entschließen sich, intensiv daran zu arbeiten.

Weiterentwicklung braucht Zeit

Niemand ist für den Rest seines Lebens auf seine bestehende Entwicklungsebene festgelegt. Auch Erwachsene sind noch in der Lage, große Schritte in der Persönlichkeitsentwicklung zu machen, meist allerdings nur, wenn ein gewisser Leidensdruck vorliegt. Es kommen häufig Menschen zu mir, die sich mehr behaupten oder besser für sich sorgen möchten. Häufig bedeutet dies, dass sie ihre egozentrischen Impulse in der Kindheit zu stark unterdrücken mussten und sich dann in der konformistischen Phase zu stark an die Wünsche anderer Menschen angepasst haben. Das rächt sich natürlich irgendwann – und dann meldet sich die egozentrische Stimme zurück. Im richtigen Rahmen und mit der passenden Unterstützung können Menschen lernen, ihre Ängste, die dazu geführt haben, dass sie ihre egozentrische Stimme unterdrücken, wahrzunehmen und langsam zu verändern. Dadurch reift eine gesunde Egozentrik heran, die sich dann auch auf alle Beziehungen auswirkt. Sie werden dann in Gruppen etwas unbequemer, weil sie ehrlicher sagen, wenn sie etwas stört. Diese Weiterentwicklung braucht ihre Zeit, aber sie ist ohne Zweifel möglich.

Man kann sich nicht selbst überholen

Entwicklungsebenen haben eine festgelegte Abfolge. Wir beginnen alle auf Start und durchlaufen die Entwicklungsphasen in der gezeigten Reihenfolge. Ein Überspringen von einzelnen Stufen ist dabei nicht möglich. Es kam noch kein Säugling in der rationalen Phase auf die Welt und ein erwachsener Buchhalter, der seinen Schwerpunkt auf der konformistischen Ebene hat, wird sich nicht in zwei Wochen zum pluralistischen Greenpeace-Aktivisten entwickeln.

Manchmal erlebt man bei Erwachsenen dennoch ein überraschend schnelles Wachstum. Das sind auch für mich besondere Momente, wenn ich erlebe, wie sich jemand aus seinem inneren Gefängnis befreit und wie ausgewechselt wirkt. Man weiß, dass traumatische Erfahrungen die seelische Entwicklung erschweren oder verzögern können. Die Aufarbeitung und Integration belastender Erfahrungen kann die angehaltene Entwicklung dann wie plötzlich in Gang setzen. Das wirkt von außen betrachtet wie eine Persönlichkeitsentwicklung im Schnellverfahren. Was dabei im Inneren des Menschen wirklich vorgeht, wissen wir nicht wirklich. Trotz aller Erfahrung bleibt für mich die menschliche Entwicklung ein Mysterium, das ich oft bestaune.

6.
Drei Richtungen von Entwicklung

Menschen werden mit dem Alter tendenziell empathischer, vernünftiger, sind vermehrt in der Lage, mehrere Sichtweisen zu verstehen, mit Widersprüchen besser umzugehen und so weiter. Vielleicht fallen Ihnen jetzt einige Personen aus Ihrem Umfeld ein, auf die das aus Ihrer Sicht nicht zutrifft – wie gesagt, das gilt im Allgemeinen und nicht für jeden Einzelfall. Aber geht es wirklich immer aufwärts in der menschlichen Entwicklung? Was ist mit den vielen Beispielen, in denen wir statt Fortschritten eher eine dauerhafte oder zeitweise Rückentwicklung erleben? Wenn ich in einer Beziehung einfach mein Ding durchsetzen will, ohne Rücksicht auf Verluste. Wenn ich in einem Gespräch meine Haltung verliere und mein Gegenüber bewusst verletzen möchte.

Es gibt auch in Zeiten, in denen wir emotional so stark belastet sind, dass wir uns, wenn überhaupt, nur noch um uns selbst kümmern können, also wieder egozentrisch werden (müssen). Es sieht also so aus, dass wir in unserer Haltung nicht immer auf einer erwachsenen (rationalen, pluralistischen oder integralen) Ebene bleiben können, selbst wenn wir das gerne würden. Wir müssen uns also noch etwas genauer mit den Entwicklungsebenen befassen, um zu verstehen, wie wir sinnvoll an unserer Haltung arbeiten können.

Eine Schwierigkeit bei dem Thema Entwicklungsebenen ist, dass wir diese nicht so einfach in uns finden und beobachten können. Der Grund ist offensichtlich, aber dennoch irritierend: Unser Bewusstsein kann sich nicht selbst beobachten, weil es ja selbst die beobachtende Instanz ist. In der Selbstreflexion oder einer Meditation können wir zwar bewusst wahrnehmen, wie unsere Gedanken kommen und gehen, wie Gefühle entstehen und vergehen. Aber wir werden niemals die Entwicklungsebene beobachten können, von der aus wir dies alles wahrnehmen. Es ist eher so, dass es die Entwicklungsebene ist, die wahrnimmt und interpretiert. Ich betrachte deshalb Bewusstsein und Entwicklungsebene in vielerlei Hinsicht als gleichbedeutend.

Diese Entwicklungsebene ist so etwas wie das Wasser, in dem der Fisch schwimmt. Der Fisch kennt nichts anderes als Wasser um sich herum und wenn man ihn fragen könnte, würde er vermutlich sagen, dass die ganze Welt natürlich nur aus Wasser besteht. So ähnlich geht es uns allen in Bezug auf Entwicklungsebenen. Diese werden Sie nicht durch In-sich-Gehen finden. Sie können eine Ahnung über Ihre Entwicklungsebenen gewinnen, wenn Sie Ihre eigene Biografie erforschen und sie mit Abstand betrachten. Vielleicht können Sie sich an Szenen aus Ihrer Kindheit oder Jugend erinnern und erahnen, in welcher inneren Haltung sie sich damals befanden. Vielleicht können Sie sich noch an Auseinandersetzungen mit den Eltern erinnern und wie Sie sich damals verhalten und gefühlt haben. Dieser Zustand ist Ihre damalige Entwicklungsebene.

Die psychologischen Bewusstseinsebenen hat man erst entdeckt, indem man Menschen über einen längeren Zeitraum beobachtet und untersucht hat. Ein berühmtes Beispiel ist die Arbeit des Psychologen Lawrence Kohlberg (1927 bis 1987). Er hat in einer Studie, dem sogenannten Heinz-Dilemma, den Teilnehmern folgende Situation geschildert: »Heinz Frau ist todkrank und er hat kein Geld für eine Behandlung. Ein Apotheker in der Stadt hat ein Heilmittel entwickelt, das er für den zehnfachen Herstellungspreis verkauft und er ist nicht bereit, den Preis zu senken. Trotz vieler Bemühungen schafft Heinz es nicht, genug Geld zusammenzubekommen.«

Kohlberg stellte seinen Probanden dann die Frage: »Darf Heinz das Medikament stehlen und warum (nicht)?« Kohlberg ging es weniger darum, ob die Befragten darauf mit Ja oder Nein antworten würden. Er interessierte sich vielmehr dafür, wie sie ihre Antwort begründeten. Kohlberg wollte sehen, ob in den Begründungen Muster auftreten, die auf unterschiedliche Entwicklungsebenen hindeuten könnten. Und tatsächlich stellte sich heraus, dass sich die Antworten der Teilnehmer in drei Kategorien einteilen ließen, die sich sehr voneinander unterschieden. Diese drei Kategorien nannte Kohlberg »präkonventionell«, »konventionell« und »postkonventionell«.

Die präkonventionellen Antworten beschäftigen sich nur damit, ob man selbst einen Vor- oder Nachteil erleiden würde. Sie lauteten beispielsweise »Ja, ich stehle das Medikament, wenn ich nicht erwischt werde.« oder »Nein, ich stehle es nicht, das ist mir zu gefährlich.« Die Antworten der Befragten orientieren sich nur am eigenen Vorteil und nicht an gesellschaftlichen Konventionen oder moralischen Werten. Deswegen heißt diese Ebene prä-(vor)-konventionell. Nach Kohlberg entspricht dies dem Niveau der meisten Kinder bis zum neunten Lebensjahr, einiger Jugendlicher und vieler erwachsener Straftäter.

Bei den konventionellen Antworten orientierten sich die Befragten an moralischen Werten oder dem Gesetz. Sie antworteten beispielsweise »Ja, ich stehle es. Es ist unmoralisch, ein Medikament so teuer zu verkaufen.« oder »Nein, es ist gegen das Gesetz zu stehlen.« Auf dieser konventionellen Ebene befinden sich nach Kohlberg die meisten Jugendlichen und Erwachsenen.

Die postkonventionellen Teilnehmer begründen ihre Antworten sehr viel ausführlicher und differenzierter. Gleichgültig ob sie die Frage mit »Ja« oder »Nein« beantworteten, wurden moralische Normen und staatliche Gesetze hinterfragt und nur noch als verbindlich angesehen, wenn sie gut begründet sind. Laut Kohlberg erreicht nur eine Minderheit von Erwachsenen diese post-(nach-)konventionelle Ebene.

Vermutlich erkennen Sie bereits, dass sich diese drei Ebenen sehr einfach mit dem Modell beschreiben lassen, dass ich Ihnen in den vorherigen Kapiteln vorgestellt habe. Die präkonventionelle Ebene entspricht der egozentrischen und magischen Ebene. Die konventionelle Ebene ähnelt der konformistischen Stufe. Und die postkonventionellen Antworten finden sich in der rationalen und pluralistischen Ebene wieder. Kohlbergs Studie ist ein wichtiger Hinweis darauf, dass Erwachsene sich in ihrer Weltsicht, ihrem Paradigma, unterschiedlich entwickeln und ihren Schwerpunkt auf unterschiedlichen Ebenen haben können. Die integrale Ebene ist zu

Kohlbergs Lebzeiten noch zu gering ausgeprägt, als das man sie erkennen konnte.

6.1 Reifer werden – Transformation

Diese Ergebnisse Kohlbergs kennen wir also schon. In seiner Untersuchung ist aber noch ein weiteres, für uns sehr wichtiges Ergebnis aufgetaucht. Kohlberg hat diese Befragung nicht nur einmal durchgeführt, sondern die gleichen Personen über einen längeren Zeitpunkt untersucht, um zu sehen, ob sich ihre Antworten änderten. Und das war tatsächlich der Fall. Dieses Ergebnis hat damals die Fachwelt wirklich überrascht, denn es war der Nachweis, dass die Persönlichkeitsentwicklung auch bei Erwachsenen noch nicht abgeschlossen ist.

Kohlberg konnte nachweisen, dass viele der Befragten ihre Antworten im Laufe der Zeit veränderten. Das erstaunliche dabei war: Wenn sich die Antworten änderten, dann immer nur in eine Richtung, und zwar von einer präkonventionellen zu einer konventionellen oder von der konventionellen zu einer postkonventionellen Haltung – jedoch nie anders herum. Es schien, dass die Menschen, die einmal eine konventionelle oder postkonventionelle Ebene erreicht hatten, nicht mehr auf eine vorhergehende Stufe zurückfallen würden.

In der Persönlichkeitsentwicklung des Menschen gibt es also eine Tendenz zur Entwicklung nach oben, zur Weiterentwicklung hin zu höheren Ebenen, die sich durch mehr Mitgefühl, mehr Humanität, mehr Liebe, mehr Perspektiven auszeichnen. Die Weiterentwicklung über die Ebenen hinweg bezeichnet man als Transformation. Die Transformation bringt eine grundlegend neue Weltsicht und Haltung mit sich, wie wir bereits gesehen haben. Man kann Transformation auch Erwachsenerwerden nennen. Nur hört dieses Erwachsenerwerden eben nicht mit achtzehn oder einundzwanzig Jahren auf, sondern ist ein lebenslanger Weg.

Kohlbergs Forschungsergebnisse waren damals eine Sensation, weil man eine derartige Transformation bisher nur bei Kindern und Jugendlichen beobachtet hatte. Auch für mich war diese Entdeckung der Lichtblick am Horizont. Ich hatte beschrieben, dass ich nach meinem Schockerlebnis mit den Entwicklungsebenen ein Jahr lang ziemlich desillusioniert mit der Gewaltfreien Kommunikation war. Denn es war klar, dass die Probleme der Gewaltfreien Kommunikation nicht allein mit Hausmitteln zu lösen waren. Aber mit den Erkenntnissen der Entwicklungsforschung bekam ich neue Hoffnung. Wir werden sehen, dass diese Ergebnisse die Gewaltfreie Kommunikation wieder auf feste Beine stellen kann.

Die drei Entwicklungsrichtungen

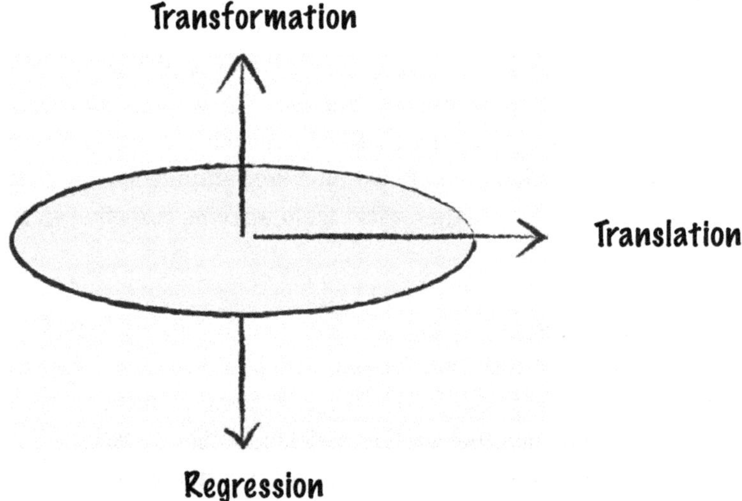

6.2 Besser werden – Translation

Die Entwicklungsforschung beschreibt eine weitere Richtung des menschlichen Wachstums und dafür gibt es natürlich auch einen Fachbegriff: Die Translation. Translation bedeutet Übersetzung und das beschreibt ganz gut, was damit gemeint ist. Mit Translation meint man das Wachstum und die Weiterentwicklung auf der Ebene, auf der man sich befindet (siehe Abbildung auf der vorangegangenen Seite). Die Unterscheidung von Translation und Transformation ist für die Arbeit mit der Gewaltfreien Kommunikation besonders wichtig. Während die Transformation eine Erweiterung der Haltung und Weltsicht mit sich bringt, überträgt Translation bereits vorhandenes Wissen und Fähigkeiten auf neue Bereiche – ohne dabei die Entwicklungsebene zu verlassen, auf der man sich befindet.

Ein paar Beispiele machen den Unterschied von Translation und Transformation deutlicher. Alle gesunden Menschen haben Gehen und Laufen gelernt. Ein begabter Sportler kann nun mit viel Training eine enorme Steigerung dieser Fähigkeiten erreichen. Dabei wird der Sportler jedoch nicht zwangsläufig vernünftiger, reifer und erwachsener. Man kann ein hervorragender Sportler sein, unabhängig davon, ob man seinen Schwerpunkt auf einer egozentrischen, konformistischen oder rationalen Entwicklungsebene hat. Natürlich kann sich ein Sportler auch parallel in seiner Haltung weiterentwickeln, aber das könnte er auch ohne den Sport. Die sportliche Weiterentwicklung, also die Übertragung und Erweiterung der vorhandenen Fähigkeiten nennt man Translation.

Noch ein Beispiel: Die meisten haben Lesen und Schreiben gelernt. Durch viel Übung und Praxis kann man lernen, Romane zu schreiben. So wird man vielleicht ein brillanter Schriftsteller, der viele Menschen begeistert. Auch dieses Wachstum bezeichnet man als Translation.

Translation ist jede Erweiterung der Fähigkeiten, des Wissens (oder der Organisation von Wissen) auf der Entwicklungsebene, auf der man sich befindet. Translation ist natürlich nicht schlecht, ganz im Gegenteil. Die allermeisten Bereiche der alltäglichen Weiterentwicklung in der Gesellschaft entstehen durch Translation. Technik, Medizin, Wirtschaft – all das ist translatives Wachstum. Das Wissen, das man in der Schule anhäuft, ist Translation – die Transformation und Persönlichkeitsentwicklung findet eher auf dem Schulhof statt. Wissen schaffen ist Translation. Wissenschaft und Technik sind die Basis für die menschliche Fähigkeit, die Umwelt in einem für unsere Vorfahren unvorstellbarem Ausmaß zu verändern und für die eigenen Zwecke zu nutzen. Mittlerweile tut der Mensch dies in einem für das eigene Überleben bedrohlichen Ausmaß. Die Ursache dafür liegt – wie wir langsam erkennen– in der fehlenden transformativen Bewusstseinsentwicklung der Menschheit. Wissen und Weisheit wachsen leider nicht gleichermaßen schnell.

6.3 Sich schützen – Regression

Neben der Transformation und Translation gibt es noch dritte Entwicklungsrichtung – die Regression. Regression bezeichnet die zeitweise oder dauerhafte Rückentwicklung auf frühere Ebenen. Wir werden manchmal wieder wie Kinder. Das geschieht selten freiwillig, denn man verliert dabei, zumindest zeitweise, die Fähigkeiten und die Perspektiven der höheren Ebene. Die Regression ist aber eine oft sinnvolle Schutz- und Anpassungsstrategie bei Stress, Überforderung oder Krankheit.

Wenn Menschen krank werden, regredieren sie oft in ihrer Entwicklung, manchmal bis auf die Stufe eines Kindes zurück. Aber auch zeitweise Regressionen sind häufig – ich denke da an den Weihnachtsbesuch im eigenen Elternhaus, bei dem wir in unsere alten Verhaltensweisen zurückfallen, inklusive der ewig gleichen Streitereien. Aber auch in Konflikten schaltet unser Bewusstsein ein paar Stufen zurück. Bei Bedrohung sind

Kampf, Flucht oder Totstellen uralte regressive Reaktionen auf gefährliche Situationen. Dabei verfällt unser Bewusstsein in einen Modus, der sicherstellen soll, dass die grundlegendsten Bedürfnisse noch erfüllt werden. Erst das Fressen, dann die Moral – auch das ist Regression.

6.4 Wie funktioniert Transformation?

Die Unterscheidung von Transformation, Translation und Regression ist entscheidend für das Verständnis und Erlernen der neuen Gewaltfreien Kommunikation. Gewaltfreie Kommunikation soll dazu beitragen, erwachsener und reifer zu werden. Sie soll helfen, Verantwortung zu übernehmen für unser Leben. Gewaltfreie Kommunikation dient dazu, auch in schwierigen Situationen bewusst und in Übereinstimmung mit unseren Werten handeln zu können. Viele möchten lernen, besser für sich selbst sorgen zu können und behindernde Konditionierungen abzustreifen.

Aber wie wird man erwachsen(er)? Wie lernt man Verantwortung zu übernehmen, wo man sie bisher vermieden hat oder nicht übernehmen konnte? Wie lernt man, empathisch mit sich selbst und Mitmenschen umzugehen, wenn man bisher in seinem Leben zu wenig Empathie erlebt hat? Wie wird man offener, verständnisvoller, liebevoller? Die Anhäufung von mehr Wissen (Translation) reicht dafür nicht aus.

Es gibt ein verbreitetes Missverständnis, nämlich die Ansicht, dass schon das Wissen um die vier Schritte der Gewaltfreien Kommunikation zur Persönlichkeitsentwicklung beitragen würde. Dann wäre das Rosenberg-Modell so etwas wie eine automatische Entwicklungsrolltreppe der Transformation. Dem ist leider nicht so. Nach der Unterscheidung von Transformation und Translation verstehen Sie jetzt besser, warum das so ist. Wissen allein reicht nicht aus für eine transformative Persönlichkeitsentwicklung.

Die wichtige Frage, mit der wir uns jetzt befassen, ist: Wie funktioniert Transformation? Das ist die Eine-Million-Euro-Frage der Persönlichkeitsentwicklung. Auch wenn ich versuchen werde, darauf eine Antwort zu geben, so muss ich vorausschicken, dass es in diesem Feld noch viel Forschungsbedarf gibt. Es besteht kein Zweifel, dass es eine transformative Entwicklung des menschlichen Bewusstseins gibt. Aber es gibt noch viele Fragezeichen, wie dieser Prozess abläuft und wodurch er unterstützt oder gefördert wird. Es gibt viele Hinweise, dass Menschen spontan transformatorische, bewusstseinsverändernde Erfahrungen machen können und damit meine ich nicht den Einsatz von psychoaktiven Stoffen. Transformation kann Menschen beim Lesen eines Buchs oder durch ein berührendes Naturerlebnis treffen. Die Erfahrung von Krankheit oder Tod kann Menschen verwandeln. Es gibt viele Faktoren, die die Persönlichkeitsentwicklung fördern.

Zum Glück tappen wir bei diesen Fragen aber nicht mehr ganz so im Dunkeln wie noch vor wenigen Jahren. Der Psychologe Robert Keagan von der renommierten Harvard Universität hat die Persönlichkeitsentwicklung über viele Jahre untersucht und hier Muster entdeckt, die ich für das Erlernen der Gewaltfreien Kommunikation als wichtig erachte. Seine Erkenntnisse über Transformation hat Keagan in einem Satz beschrieben, der es zwar prägnant auf den Punkt bringt, für mich beim ersten Lesen aber komplett kryptisch klang.

Nach Keagan ist Transformation folgendermaßen definiert: »Das Subjekt der aktuellen Ebene wird zum Objekt des Subjekts der nächsten Ebene.« Jetzt bitte nicht das Buch frustriert weglegen – eine hoffentlich verständlichere Erklärung folgt sofort. Gemeint ist damit Folgendes: Transformation bedeutet, dass wir beginnen, uns selbst mit Abstand zu betrachten. Das distanzierte Betrachten und Untersuchen der eigenen Gedanken und Gefühle, die man bisher als sein Ich angesehen hat, führt dazu, dass man sich selbst als mehr wahrnimmt. Gedanken und Gefühle sind ein Teil meines Selbst, aber weil ich sie beobachten kann, sind sie nicht mehr alles. Ich erlebe mich nach der Transformation innerlich größer, umfassender und weiter.

In der Transformation erfahre ich eine innerliche Distanz zu mir selbst. Sobald ich meine Gedanken und Gefühle bewusst beobachte, erlebe ich: »Ich bin mehr als meine Gedanken und Gefühle.« Anders formuliert: Wenn der Fisch aus dem Wasser springt und dann erlebt: »Da ist Wasser – und es gibt noch mehr als Wasser« dann ist es genau das, was in der Transformation passiert. Das Subjekt (das alte Ich) springt aus dem Wasser (der alten Entwicklungsebene) und erlebt, dass es ja noch mehr gibt als Wasser. Damit bin ich bereits auf der nächsten Stufe der Entwicklung. Das neue Ich kann das alte Ich mit Distanz beobachten – das beschreibt Keagan mit seinem Satz: »Das frühere Subjekt wird zum Objekt (der Betrachtung) des Subjekts auf der nächsten Stufe.«

Am Beispiel der drei Stufen von Kohlberg kann man die Transformation auch so beschreiben: Das präkonventionelle Ich identifiziert sich unbewusst und komplett mit seinen Wünschen, Gedanken und Bedürfnissen. Es gibt keine innere Distanz oder eine Ebene, von der aus diese beobachtet werden könnten. Sie sind das Subjekt, das Ich. Beim Übergang auf die konventionelle Ebene erfährt das Subjekt, dass es andere Menschen gibt, deren Sichtweisen und Bedürfnisse auch wichtig sind. Das Subjekt muss sich von seinen eigenen Sichtweisen etwas entfernen, es lernt, diese mit Abstand zu betrachten und ist nicht mehr komplett damit identifiziert. Das Subjekt, das Ich, kann nun seine Wünsche objektiv(er) betrachten. Es hat damit eine weitere Perspektive eingenommen und damit die konventionelle Ebene erreicht.

Nun bin ich natürlich weiterhin mit etwas identifiziert, ich habe weiterhin ein Ego – aber auf einer höheren Ebene.

6.5 Persönlichkeitsentwicklung ist keine Wellness

Mit den drei Unterscheidungen Transformation, Translation und Regression und den Erkenntnissen über das Wesen der Transformation kann man das Thema Haltung und Persönlichkeitsentwicklung im Rosenberg-Modell sehr viel klarer beschreiben. In Bezug auf die Gewaltfreie Kommunikation können wir die neue Theorie einfach übertragen. Die vier Schritte des Rosenberg-Modells sind aus einem Buch oder in einem Seminar schnell gelernt. Das ist der Erwerb von Wissen, also Translation. Aber erst die innere Arbeit, das Bewussterwerden über vorher unbewusste Gedanken, Gefühle und Bedürfnisse, führt zur Transformation, also zum Wachstum in eine erwachsene Haltung.

Mit Professor Keagans Erkenntnissen können wir auch die Methoden und Prozesse beschreiben, die eine transformative Persönlichkeitsentwicklung fördern. Wir können so transformative, translative und regressive Lehrmethoden in der Erwachsenenbildung unterscheiden. Sie können mit diesen Kriterien also entscheiden, welche Übungen und Methoden sinnvoll sind, um die Gewaltfreie Kommunikation zu lernen und weniger hilfreiche Wege auszuschließen.

Transformative Lehrmethoden und Übungen sind solche, die bisher unbewusste Anteile in der Persönlichkeit bewusster machen und so die Beobachtung (Disidentifizierung) dieser Anteile fördern. Sie unterstützen die Persönlichkeitsentwicklung im Sinne der neuen Gewaltfreien Kommunikation.

Translative Methoden und Übungen helfen dabei, bereits bewusste Anteile und Fähigkeiten auf neue Bereiche zu übertragen. Sie unterstützen das, was wir klassisch »Lernen« nennen. Auch sie sind notwendig für das Erlernen der Gewaltfreien Kommunikation, beispielsweise beim Verstehen der vier Unterscheidungen oder der Entwicklungsebenen. Translative Methoden und Übungen unterstützen aber nicht die transformative Persönlichkeitsentwicklung. Sie haben keinen Einfluss auf die Entwicklungsebene und verändern die innere Haltung nicht.

Regressive Methoden und Prozesse unterstützen die Verdrängung bereits bewusster Fähigkeiten ins Unbewusste. Dies sollte beim Lernen der Gewaltfreien Kommunikation nicht vorkommen. Das bedeutet nicht, dass regressive Methoden wertlos sind. Die therapeutische Arbeit mit Traumata braucht meines Erachtens auch einen Anteil an bewusst angestrebter Verdrängung und Vergessen, um im Alltag wieder funktionsfähig zu werden.

Transformative Seminare

In transformativen Seminaren wird das Rosenberg-Modell als eine Methode der Persönlichkeitsentwicklung eingesetzt. Die Bewusstmachung bisher unbewusster Denk-, Gefühls- und Verhaltensmuster steht dabei im Mittelpunkt des Seminars. Hilfreiche Methoden sind hierfür vor allem die Selbstreflexion (Selbstempathie) und die Biografiearbeit, in der Entwicklungsthemen aus der Kindheit bearbeitet werden. Sehr allgemein zeichnen sich transformative Methoden durch Entschleunigung, Stille und Zu-sich-Kommen aus. Sie unterstützen die Kontemplation und das Über-sich-Nachdenken und machen dabei vor allem verdrängte Erfahrungen, Emotionen und Bedürfnisse wieder bewusst. Nicht alle kontemplativen Methoden nehmen die emotionalen Aspekte der Persönlichkeitsentwicklung und die Arbeit an Schattenseiten ernst genug. Nur darüber meditieren reicht für eine Transformation nicht aus, denn die emotional wichtigen Prozesse bleiben davon relativ unberührt. Transformative Seminare müssen, in einem sicheren Rahmen, vor allem unangenehme und schwierige persönliche Themen zur Sprache bringen. Die Bearbeitung biografischer Erfahrungen und emotionaler Verletzungen sind kein Wellnessprogramm, sondern aufrüttelnd und anstrengend.

Translative Seminare

In translativen Seminaren wird die Gewaltfreie Kommunikation als ein Sprachmodell vermittelt, bei dem vor allem neue Kommunikations- und Verhaltensmuster eingeübt werden. Es wird mit Gefühls- und Bedürfnislisten gearbeitet und in Rollenspielen geübt, sich mit den vier Schritten gewaltfrei auszudrücken. Viele der in den einschlägigen Büchern zur Gewaltfreien Kommunikation beschriebenen Übungen sind translative Methoden. Wie gesagt: Translation im Allgemeinen ist überaus wichtig und notwendig, nur für die Persönlichkeitsentwicklung sind translative Seminare wirkungslos. Translative Lehrmethoden sollten in der Vermittlung der Gewaltfreien Kommunikation im besten Falle nur am Anfang vorkommen, beispielsweise bei der Vermittlung der vier Schlüsselunterscheidungen.

Regressive Seminare

Regressive Seminare unterstützen die Rückentwicklung, das heißt, sie fördern die Verdrängung oder verhindern die Bewusstwerdung. Regressive Seminare in Reinform kann ich mir kaum vorstellen, aber es gibt durchaus regressive Aspekte in Seminaren. Diese können sich darin zeigen, dass eine Seminarleiterin zu viel Verantwortung für die Teilnehmer übernimmt, wenn ein Ansprechen von Konflikten während des Seminars vermieden wird oder es kein ehrliches, auch einmal konfrontierendes Feedback gibt. Das Ergebnis ist dann eine als Transformation getarnte Regression oder wie Marshall Rosenberg es nannte: »Wölfe im Giraffenpelz«.

Das Gras wächst
nicht schneller,
wenn man
daran zieht.

6.6 Der Weg ist wichtiger als das Ziel

Die Erkenntnisse der Entwicklungspsychologie faszinieren mich immer noch und sie haben meine Arbeitsweise ganz wesentlich bereichert. Aber es gibt keinen Gipfel ohne Tal, keinen Erfolg ohne Preis – jeder Fortschritt hat seine Schattenseiten. Ich möchte hier auf zwei problematische Aspekte der Entwicklungstheorie eingehen, die mir begegnet sind, es gibt bestimmt noch weitere.

Zum einen entsteht durch die Treppe der Entwicklung der Eindruck, alle Menschen müssten möglichst schnell alle Stufen bis ganz nach oben erklimmen. Diesen Anspruch sollten Sie auch bei sich selbst prüfen. Können Sie sich entspannt eingestehen, wenn Sie selbst auf eine konformistische oder egozentrische Haltung zurückgefallen sind? Können Sie anderen Menschen deren Entwicklung ohne Abwertung oder den Drang sie weiterzubringen zugestehen? Mit anderen Worten: Können Sie sich und andere Menschen erst einmal so akzeptieren, wie sie sind? Das ist ein hohes Ziel, ich weiß. Die Entwicklungstheorie fördert manchmal eine neue Form von Perfektionismus und Arroganz. »Die sind einfach nicht weit genug« ist eine Ausrede für die eigenen Erwartungen und Forderungen. Hinter diesen Erwartungen stehen die eigenen Bedürfnisse, für die man Verantwortung übernehmen muss, anstatt sie hinter einer pseudo-integralen Bewertung zu verstecken. Professor C. Graves, der Begründer des hier verwendeten Entwicklungsmodells, hat derartige Ansprüche klar mit den Worten zurechtgerückt »Verdammt nochmal, ein Mensch hat das Recht, der zu sein, der er ist.« (Beck/Cowan 2007: 46)

Neben dieser Schattenseite gibt es eine weitere Herausforderung, die vor allem die professionellen Helfer betrifft. Zwei Jahrzehnte Erfahrung haben mich gelehrt, die unbequeme Wahrheit zu akzeptieren, dass auch mit viel Fachwissen und Erfahrung nicht alle Beziehungen gerettet und nicht alle Konflikte gelöst werden können. Natürlich kann es auch an meinen Fähigkeiten gelegen haben, aber ich glaube, das Problem liegt tiefer. Gefühle und Bedürfnisse sind wichtig, aber sie (er-)klären und (er-)lösen eben nicht alles.

Auch eine integral verstandene Gewaltfreie Kommunikation hat Grenzen – weil der Mensch Grenzen hat. Bitte nicht falsch verstehen: Wir müssen alles versuchen, um gute Beziehungen zu fördern und Konflikte friedlich zu lösen. Aber wir müssen auch akzeptieren, dass es ungelöste Konflikte und Trennungen geben muss. Früher hat mich das entmutigt, heute glaube ich, dass auch diese Prozesse für das menschliche Wachstum notwendig sind. Durch Ungelöstes wird eine Entwicklung angestoßen, die sonst vielleicht nicht möglich gewesen wäre. Entwicklung von wem und wohin? Das erkennen wir erst, nachdem sich das Ungelöste von selbst gelöst hat.

»Der Weg ist wichtiger als das Ziel« – das beschreibt für mich am besten die Haltung, in der wir uns mit der Gewaltfreien Kommunikation auf den Weg machen. Wir brauchen das Ziel, das Ideal der Gewaltfreiheit, um uns nicht zu verlaufen. Denn der Pfad ist gewunden und wir verlieren ihn leicht aus den Augen. Aber wenn wir ihn mit klarem Geist und weichem Herzen gehen, sind wir auf dem richtigen Weg.

7.
Sechs Formen der Gewaltfreien Kommunikation

Ich kann mich gut an die Zeit erinnern, als ich mit der Entwicklungstheorie konfrontiert wurde. Ich fand sie interessant, hatte aber auch viele Vorbehalte und Widerstände. Da kommt jemand und will mir erzählen, dass ich die Welt gar nicht richtig wahrnehme, sondern alles durch eine Brille verzerrt sehe und es nicht einmal bemerke. Und zu allem Übel sollte diese Entwicklung auch noch eine hierarchische Abfolge haben, manche Menschen waren also weiter entwickelt als andere. Das klang sehr nach einer weiteren Methode, um Menschen in Schubladen zu stecken. Allerdings erkannte ich mich in den Beschreibungen der jeweiligen Entwicklungsphasen ziemlich gut wieder. In Konflikten konnte ich mich ohne Weiteres mit den egozentrischen Impulsen identifizieren und dass ich ausgeprägte konformistische Anteile hatte, war mir auch schmerzlich bewusst. Vor allem konnte ich, wie schon erwähnt, die von Wilber beschriebenen Schattenseiten der Entwicklungsebenen sehr klar in mir und anderen Anhängern der Gewaltfreien Kommunikation entdecken.

7.1 Gibt es eine Gewaltfreie Kommunikation und wenn ja, wie viele?

Je länger ich mich damit befasste, umso klarer wurde mir daher, dass die Entwicklungspsychologie für das Verständnis und die Weiterentwicklung der Gewaltfreien Kommunikation von entscheidender Bedeutung ist. Wir können die Entwicklungsebenen auch sehr einfach mit den Bedürfnissen aus der Gewaltfreien Kommunikation in Übereinstimmung bringen. Die Bedürfnisse nach Überleben und Urvertrauen bestimmen die instinktiv-magische Ebene, der Selbstwert entwickelt sich auf der egozentrischen Stufe, Zugehörigkeit und soziale Bedürfnisse stehen im Zentrum der konformistischen Phase und die geistigen Bedürfnisse wie Sinnhaftigkeit oder Transzendenz finden wir auf der rationalen und pluralistischen Ebene.

Diese Entwicklungs- und Bewusstseinsebenen bleiben im Erwachsenen erhalten und wie wir gesehen haben, bewegen wir uns, vereinfacht gesagt, um einen instinktiven, egozentrischen, konformistischen, rationalen, pluralistischen oder integralen Schwerpunkt. Die Gewaltfreie Kommunikation kann man auf jeder dieser sechs Entwicklungsebenen lernen und anwenden. Es gibt deshalb nicht nur eine Gewaltfreie Kommunikation, es gibt eine magische, egozentrische, konformistische, rationale, relativistische und eine integrale Gewaltfreie Kommunikation. Im Folgenden beschreibe ich diese sechs Formen der Gewaltfreien Kommunikation inklusive ihrer Schattenseiten. Diese Schattenseiten liegen nicht in der Methode selbst, sondern sie ergeben sich aus den nicht integrierten Anteilen der jeweiligen Entwicklungsphase. Zur Erinnerung werde ich jeweils am Anfang eine kurze Wiederholung der wesentlichen Eigenschaften der Entwicklungsebene geben.

7.2 Ich denke mir die Welt schön – die magische Gewaltfreie Kommunikation

Zur Erinnerung: Auf dieser Ebene liegt der Schwerpunkt des Bewusstseins, sofern man schon von Bewusstsein sprechen möchte, auf dem reinen Überleben. Auf Gefühlsebene ist die instinkthafte, magische Entwicklungsebene einerseits geprägt von der Sehnsucht nach dem Es-ist-alles-gut-Gefühl, das wir vorgeburtlich mit dem Mutterleib verbinden und anderseits von Existenzangst, weil unser Überleben als Säugling völlig von der Versorgung durch die Umwelt abhängig ist. Wenn wir diese Entwicklungsphase mit Gewaltfreier Kommunikation in Verbindung bringen, können wir schwerpunktmäßig zwei Bedürfnisse beschreiben: Überleben und Urvertrauen.

Die Schattenseiten für die Gewaltfreie Kommunikation ergeben sich bei allen Entwicklungsebenen aus einer unvollständigen Integration der jeweiligen Entwicklungsaufgaben. Die magischen Schattenseiten der Gewaltfreien Kommunikation entstehen vor allem durch die einseitige Betonung des frühkindlichen Es-ist-alles-gut-Gefühls und dem Versuch, die grundlegende Existenzangst des Menschen zu verdrängen. Der Ursprung unseres Handelns sind immer Bedürfnisse. Aber weil uns diese Bedürfnisse meist unbewusst bleiben, werden wir von unseren Gefühlen gesteuert, besonders von Schuld, Scham und Angst. Das sind sehr unangenehme Gefühle und die Erinnerung daran gefällt der magischen Gewaltfreien Kommunikation überhaupt nicht. Sie möchte sich lieber immer glücklich fühlen. Daher blendet sie unangenehme Gefühle aus und betont einseitig die Schönheit der Bedürfnisse.

Es gibt sogar eine Übung in der Gewaltfreien Kommunikation, die sich »Die Schönheit der Bedürfnisse« nennt. In dieser Übung fokussiert man sich darauf, nicht den Schmerz über unerfüllte Bedürfnisse zu fühlen, sondern sich auf die Schönheit seiner Bedürfnisse zu konzentrieren. Derartige Übungen können, falsch verstanden, dazu führen, dass man sich sein Leben schön denkt und schwierige Themen lieber wegmeditiert, statt verantwortliche Entscheidungen zu treffen.

Gewaltfreie Kommunikation darf nicht dazu führen, dass ich es stillschweigend hinnehme, wenn sich jemand respektlos, abwertend und diskriminierend benimmt. Nur weil wir alle die gleichen Bedürfnisse haben und Bedürfnisse gut sind, heißt das nicht, dass jedes Verhalten in Ordnung ist. Der Mensch handelt immer aus Gefühlen und Bedürfnissen heraus, aber nicht alles, was Menschen tun, ist immer wahr und gut. Menschen lügen, betrügen, stehlen, hintergehen, missbrauchen und morden – alles nur in dem Versuch, sich Bedürfnisse zu erfüllen. Die magische Gewaltfreie Kommunikation neigt dazu, vor lauter Gefühlen und Bedürfnissen die Moral, Ethik und das kritische Bewerten zu vergessen.

Die unbewusste Sehnsucht nach dem Alles-ist-gut-Gefühl kann dazu führen, dass das unvermeidliche Leiden des Lebens ausgeblendet wird. Ich habe erlebt, dass Menschen, die gerade einen Schicksalsschlag erlebt haben, erklärt wurde, dass hinter ihren seelischen Schmerzen »nur unerfüllte Bedürfnisse liegen, die doch gut und schön seien«. Damit missbraucht man die Gewaltfreie Kommunikation, um die Tragik und den Schmerz des Verlusts nicht spüren zu müssen. Das ist nicht nur unempathisch, sondern respektlos und unmenschlich. Mit Getrenntheit, Einsamkeit und der Angst vor dem Tod sind wir alle konfrontiert. Die magische Gewaltfreie Kommunikation versucht, diese Gefühle auszublenden, aber sie gehören zum Menschsein dazu. Das Christentum beschreibt einen Christus, der sein Kreuz freiwillig getragen hat. Der Buddhismus sagt »Leben ist Leiden«. Wir können lernen, das Leben so zu akzeptieren, wie es ist.

7.3 Meine Bedürfnisse – die egozentrische Gewaltfreie Kommunikation

Zur Erinnerung: Die Egozentrik ist eine wichtige Phase, in der sich die Grundlagen unserer Persönlichkeit bilden. Ein starkes Ich ist die Voraussetzung für alle späteren Phasen. Das umfasst alle Aspekte der körperlichen, geistigen und seelischen Entwicklung. In dieser Zeit müssen wir eine gesunde Abgrenzung von der Umwelt ausbilden. Wir lernen, unseren Körper von der Umwelt zu unterscheiden – in eine Puppe beißen tut nicht weh, in den eigenen Finger beißen schon. Wir lernen, unsere eigenen Gefühle wahrzunehmen und von den Gefühlen der Mutter zu trennen. Die magische Phase ist in dieser Zeit natürlich noch präsent und so glauben kleine Kinder, dass die Wolken hinter ihnen herlaufen. Aber die Wolken laufen gar nicht hinter mir her, sie bewegen sich unabhängig von mir – auch diese Enttäuschung dient der Ego-Entwicklung.

Menschen versuchen immer, sich ihre Bedürfnisse zu erfüllen, so lautet eine Annahme der Gewaltfreien Kommunikation. Auch wenn wir etwas für andere tun, erfüllen wir damit immer (auch) unsere eigenen Bedürfnisse. Aus dieser Sicht heraus sind Bedürfnisse also per definitionem egozentrisch. Aber wie schon gesagt, kindliche Egozentrik ist etwas anderes als die egoistische Haltung eines Erwachsenen.

Die Schattenseite der egoistischen Gewaltfreien Kommunikation zeigt sich durch den zu starken Fokus auf die eigenen Bedürfnisse. »Ich sorge doch nur für meine Bedürfnisse« oder »Für deine Bedürfnisse bist du selbst verantwortlich« sind Sätze, die häufig verwendet werden, um eine egoistische Haltung gewaltfrei klingen zu lassen. Die eigenen Bedürfnisse ernst zu nehmen, bedeutet nicht, dass ich das Recht habe, sie über die Bedürfnisse anderer zu stellen.

Eine egoistische Haltung bemerkt man nicht immer sofort, vor allem wenn man die Gewaltfreie Kommunikation als Sprachmodell versteht (Vier-Schritte-Sprache). Es ist gefährlich, zu glauben, jeder der Gefühls- und Bedürfnisbegriffe verwenden kann, repräsentiere eine reife, erwachsene Haltung. Dieser Irrtum ist schon einmal passiert, als man glaubte, Ich-Botschaften würden automatisch die Kommunikation verbessern, bis man merkte, dass sich auch Abwertungen in Ich-Botschaften verkleiden lassen.

Ein ähnliches Phänomen tritt auf, wenn man die vier Schritte der Gewaltfreien Kommunikation technisch verwendet und glaubt, dadurch ließe sich Egoismus verbergen. Wenn meine Partnerin mich kritisiert und ich beleidigt schmollend weggehe, um sie mit Missachtung und Beziehungsentzug zu bestrafen, dann falle ich auf eine egozentrische Stufe zurück, egal welche Worte ich verwende.

Gesunde Erwachsene werden meist aus innerer Not heraus egoistisch. Eine häufige Ursache sind Konflikte oder Stress, aber auch eine Depression oder ein unbewusstes Trauma lässt uns auf eine egoistische Stufe zurückfallen. Wenn Erwachsene jedoch einen dauerhaft egoistischen Schwerpunkt haben, führt dies zu erheblichen sozialen Problemen. Kriminalität und Gewalttäter kann man als Fehlentwicklungen der egozentrischen Phase ansehen. Nun könnte man hoffen, dass Kriminelle sicher nicht Gewaltfreie Kommunikation lernen wollen. Aber zumindest theoretisch könnten auch sie die Methode lernen, um damit ihre Opfer rhetorisch besser zu täuschen. Man weiß auch, dass Gewalttäter empathische Fähigkeiten einsetzen, um

Die eigenen Bedürfnisse ernst zu nehmen bedeutet nicht, dass ich das Recht habe, sie über die Bedürfnisse anderer zu stellen.

ihre Opfer zu manipulieren. Es ist alles eine Frage der Haltung, auch in Bezug auf die Empathie.

In der Gewaltfreien Kommunikation streben wir eine Haltung an, die die eigenen Bedürfnisse ernst nimmt und gleichzeitig die Bedürfnisse anderer Menschen anerkennt. Aber wir können nicht immer alle Bedürfnisse gleichermaßen erfüllen. Wenn das Baby Hunger hat, muss ich auf meinen Schlaf verzichten. Die egozentrische Ebene muss lernen, dass es auch gut und wichtig sein kann, die eigenen Bedürfnisse zurückzustellen.

7.4 Harmonie über alles – die konformistische Gewaltfreie Kommunikation

Zur Erinnerung: Wir sind soziale Wesen und unsere Zugehörigkeit zu anderen Menschen ist deswegen überlebenswichtig. Als Individuen hätten wir in der evolutionären Entwicklung nicht überlebt. Heute ist das etwas anders, wir können auch als Single gut leben, aber das berührt nicht unsere emotionale Grundausstattung, die weiterhin auf Gemeinschaft und Gruppenzugehörigkeit ausgerichtet ist. Aus einer Gruppe ausgeschlossen zu werden, der wir uns zugehörig sehen, ist eine schmerzhafte und beängstigende Erfahrung. Wie ich schon beschrieben habe, formen sich während der konformistischen Entwicklungsphase die Fähigkeiten, die wir brauchen, um unsere Zugehörigkeit sicherzustellen. In dieser Zeit lernen wir die sozialen Regeln und Normen, die für ein gelingendes Miteinander notwendig sind. Die meisten dieser Regeln sind uns als Erwachsene nicht mehr bewusst. Sie fallen uns erst auf, wenn jemand diese Regeln nicht mehr einhält. Wenn jemand im Theater laut vor sich hinredet, sind wir irritiert oder alarmiert. Unser Organismus prüft ständig, ob er sich mit den Menschen um sich herum sicher und wohlfühlt, und signalisiert uns durch die entsprechenden Gefühle, wann dies nicht (mehr) der Fall ist.

Wenn wir uns in einer Gruppe sicher, zugehörig und geborgen fühlen, können wir uns entspannen. Die Harmonie in der Gruppe ist das Merkmal dafür, dass sie sicher und stabil ist.

Im Hinblick auf die Gewaltfreie Kommunikation zeigen sich zwei wesentliche Schattenseiten der konformistischen Entwicklungsphase. Zum einen kann die Gewaltfreie Kommunikation dazu verwendet werden, um eine notwendige Konfliktklärung in einer Gruppe zu unterdrücken und damit eine (Pseudo-)Harmonie zu erhalten. Das geschieht beispielsweise durch Gruppenregeln, die aufgestellt werden, im Hinblick auf die Art und Weise, wie Kritik oder Konflikte in der Gruppe angesprochen werden dürfen. Eine Regel wie »Sprich nur von dir und deinen Gefühlen und Bedürfnissen« kann dazu führen, dass Menschen nichts Kritisches mehr sagen, weil sie Angst haben, sich falsch auszudrücken.

Zum anderen bedient sich die konformistische Entwicklungsebene gerne der Gewaltfreien Kommunikation, um einen Konformitätsdruck auf die Mitglieder auszuüben, der die Individualität und Entwicklung erschwert. Dabei entwickelt sich häufig eine Art Gruppensprache, wobei vermehrt gewaltfreie Sprachfloskeln wie »mein Bedürfnis ist …«, »ich fühle mich …« verwendet werden.

Konflikte sind ein Symptom der Disharmonie und führen manchmal zur Trennung und Spaltung einer Gruppe. Aus diesem Grund erscheinen Konflikte durch die Brille der konformistischen Entwicklungsebene so gefährlich. Sie bedrohen den Zusammenhalt einer Gruppe und damit auch unsere Zugehörigkeit und, zumindest gefühlt, unser Überleben. Verstärkend kommt noch hinzu, dass nur wenige in ihrer Herkunftsfamilie einen positiven Umgang mit Konflikten erlebt haben, meist im Gegenteil. Wenn Kinder eine Trennung von ihrer wichtigsten Bezugsgruppe, der Familie, erleben, ist dies häufig eine traumatische Erfahrung, die die grundsätzliche Angst vor Konflikten noch verstärkt. Die meisten Menschen haben deswegen eine starke Tendenz, Konflikte zu vermeiden. Ein Besuch beim

Zahnarzt erscheint weitaus attraktiver, als die Vorstellung, einen Konflikt in einer Gruppe offen anzusprechen.

Diese Schattenseite der konformistischen Gewaltfreien Kommunikation wird durch einen zu engen Harmoniebegriff noch verstärkt. Harmonie wird hier vor allem als angenehmes Gefühl oder (fälschlicherweise) auch als Bedürfnis verstanden. Harmonie ist kein Bedürfnis, sondern das Gefühl erfüllter Verbundenheit und Zugehörigkeit. Im Gegensatz zu diesem engen Verständnis kann man Harmonie aber auch, wie in der Musik, als das Ergebnis der Auflösung von Gegensätzen verstehen. Harmonie entsteht durch die Auflösung von Spannung, sie bedingen einander. Dieses Verständnis wäre hilfreicher für die Gewaltfreie Kommunikation als die konformistische Konfliktvermeidung. Die Tendenz zur (Pseudo-)Harmonie ist eine der stärksten Triebkräfte für die Selbstzensur, welche in die Gewaltfreie Kommunikation Einzug gehalten hat. Um Stress und Disharmonie zu vermeiden, wird die gewaltfreie Regel aufgestellt, dass man in einer Gruppe keine Bewertungen über andere Mitglieder ausdrücken darf. Die neue Regel lautet: »Sprich nur von deinen Gefühlen und Bedürfnissen und stelle konkrete Bitten.« So hofft man, Konflikte zu vermeiden, die die Gruppenharmonie bedrohen könnten. Wenn dies funktionieren würde, gäbe es innerhalb von gewaltfreien Gruppen keine Konflikte oder Spaltungen, was natürlich nicht der Fall ist.

Die zweite Schattenseite der konformistischen Gewaltfreien Kommunikation entsteht durch den Versuch, nicht nur Konflikte, sondern jede Spannung und Disharmonie zwischen Menschen zu vermeiden. Um davon einen Eindruck zu gewinnen, genügt ein Blick in die Gruppenregeln und Beiträge in der größten Facebookgruppe für Gewaltfreie Kommunikation. Anstatt eine Moderation auf die Klärung von Konflikten zu beschränken – wie in der Mediation, wo dies hilfreich ist – wird die Gewaltfreie Kommunikation als Vier-Schritte-Sprache angesehen, die jederzeit anzuwenden ist. Dies zeigt sich in einer umfassenden Zensur und der Aufstellung gewaltfreier Kommunikationsregeln.

Harmonie kann
nur da entstehen,
wo Spannungen
gelöst werden.

Natürlich ist eine sozial angemessene Sprache für das Zusammenleben wichtig und notwendig. Aber diese Regeln kennen wir bereits, wenn wir die konformistische Entwicklung als Kind halbwegs gut durchlaufen haben. Dann haben wir die sozialen Verhaltensweisen und Normen gelernt, um als Erwachsener angemessene Gespräche zu führen. In der konformistischen Phase lernen Kinder unbewusst, wie und worüber man spricht. Dieses Lernen verläuft zwischen Kindern und Erwachsenen unbewusst. Für die große Mehrheit der Erwachsenen ist es also völlig ausreichend, sich an die kulturellen Kommunikationsnormen zu halten, die sie unbewusst schon beherrschen. Und für die kleine Minderheit, die die üblichen sozialen Umgangsformen nicht beherrscht, ist vermutlich ein Sozialtraining oder eine Therapie sinnvoller als Sprachregelungen im Sinne der konformistischen Gewaltfreien Kommunikation.

Auf das grundlegende Problem habe ich schon hingewiesen. Menschliches Verhalten ist größtenteils unbewusst. Wir werden uns meist im Nachhinein durch eine anstrengende Selbstreflexion bewusst, was wirklich hinter unseren Impulsen steckt. Eine Sprachregelung führt nur dazu, dass wir unbewusste Impulse noch mehr unterdrücken. So sinnvoll es ist, Kindern die Fähigkeit zur Selbstkontrolle zu vermitteln, so schädlich ist es, wenn die Selbstkontrolle im Erwachsenenalter durch weitere Sprachregeln noch verstärkt wird. Wenn Eltern etwas Sinnvolles zur Sprachkultur ihrer Kinder beitragen möchten, dann sollten sie sich vor allem um ihre eigenen Schattenseiten kümmern – denn die bekommen ihre Kinder sicher mit. Der Versuch der konformistischen Gewaltfreien Kommunikation, Konflikte und Spannungen vorbeugend verhindern zu wollen, beginnt mit einer Vielzahl unrealistischer Gesprächsregeln und endet in umfassender Selbstzensur.

7.5 Das perfekte Gespräch – die rationale Gewaltfreie Kommunikation

Zur Erinnerung: Die rationale Entwicklungsebene ist in modernen Kulturen ein Synonym für Erwachsensein, und das aus gutem Grund. Die rationale Ebene spielt eine wichtige Rolle für das soziale Miteinander. Sie ist die Grundlage für die Fähigkeit, sich in die Sichtweise anderer versetzen zu können. Logik und Rationalität sind die Basis für Verständigung und Kooperation. Auch beim Erlernen der Gewaltfreien Kommunikation spielt Rationalität eine wichtige Rolle. Ohne Rationalität verstehen wir weder die vier Unterscheidungen noch die Entwicklungstheorie. Die Diskussion und der Austausch über die Werte und Haltung der Gewaltfreien Kommunikation sind essenziell, um eine eigene Sichtweise zu entwickeln. Rationalität hilft auch, uns von Gefühlen innerlich zu distanzieren und darüber reden zu können. Das ist eine notwendige Voraussetzung für jedes erwachsene Beziehungsgespräch oder um einen Konflikt zu klären. Das irrationale, unkontrollierte Ausleben von Emotionen unter Erwachsenen nennen wir nicht ohne Grund wie im Kindergarten – es gehört in den Kindergarten, weil es dort angemessen ist.

Die Schattenseiten der rationalen Ebene zeigen sich im Versuch, die Gefühle unter eine bewusste Kontrolle zu bringen und in einem Hang zur Perfektionierung von Kommunikation. Ich nenne das die perfekte Gewaltfreie Kommunikation. Die perfekte Gewaltfreie Kommunikation hat die Tendenz, sich zu stark auf die formale Struktur, die vier Schritte der Gewaltfreien Kommunikation zu konzentrieren. Sie verfeinert diese Schritte immer weiter und versucht so, Gespräche in eine logische Form zu bringen. Dazu werden Listen von Gefühlen, Bedürfnissen und Dutzenden von weiteren Schlüsselunterscheidungen aufgestellt und die richtigen Antworten für jede denkbare Situation formuliert. Die perfekte Gewaltfreie Kommunikation versucht, Gespräche rational zu planen, um sie zu kontrollieren und Fehler zu vermeiden. Sie ahnen es, hier zeigt sich auch die konformistische Angst vor Fehlern wieder. Dieses Vorhaben stößt jedoch spätestens bei den Gefühlen an seine Grenzen.

Gefühle lassen sich nicht perfekt kontrollieren. Sie entstehen nicht rational logisch, sondern menschlich psychologisch, also unbewusst und spontan. Sie können die Entstehung ihrer Gefühle nicht bewusst verfolgen. Vielleicht ist dies in tiefen Zuständen der Meditation möglich, aber ich habe noch keine glaubhaften Beweise gesehen, dass jemand dies auch im Alltag kann. Die rationale Gewaltfreie Kommunikation versucht, Gefühle unter die Herrschaft des Verstandes zu bringen und das ist nicht möglich. Es kann sogar schaden, vor allen Dingen dann, wenn wir uns emotional weiterentwickeln wollen.

Unsere Gefühle entstehen, um uns zu signalisieren, was wir brauchen und wann wir handeln müssen. So haben wir in langer Evolution gelernt, in einer gefährlichen Umwelt zu überleben. Wenn wir erst hätten überlegen müssen, wie wir bei einer Giftschlange vor unseren Füßen reagieren, wäre das ziemlich ungünstig.

Gefühle wie Einsamkeit, Trauer und Depression sind natürlich komplexer, aber auch sie sind ein unbewusster Ausdruck unserer Bedürfnisse. Wir bemerken Gefühle immer erst, wenn sie schon passiert sind. Das hat natürlich auch Nachteile. Wenn wir unseren abwertenden inneren Dialog, der uns depressiv macht, bewusster wahrnehmen würden, dann könnten wir uns davon einfacher befreien. Aber leider ist das nicht ganz so leicht. Wir können lernen, die Ursachen und die Entstehung unserer Gefühle in der Selbstreflexion, also quasi im Rückblick, bewusst wahrzunehmen. Diese bewusste, rückblickende Wahrnehmung hat einen Einfluss auf die Entstehung unserer Gefühle. Sie führt dazu, dass wir etwas Freiheit gewinnen zwischen dem Auslöser und unserer emotionalen Reaktion.

So können wir unsere Gefühle langfristig positiv beeinflussen. Wir sind ihnen nicht ausgeliefert, aber es braucht eine bewusste Entscheidung, an ihnen zu arbeiten. Was wir nicht lernen werden, ist, unsere Gefühle völlig zu kontrollieren. Sie können die Entstehung von Gefühlen nicht schon im Ansatz erkennen oder verhindern. Die perfekte Gewaltfreie Kommunikation ist zum Scheitern verurteilt. Vergessen Sie die Kontrolle von Gefühlen, bleiben Sie spontan und lernen Sie lieber, mit den Konsequenzen besser umzugehen. Planen Sie Gespräche nicht über die Maßen im Voraus, sie verlaufen sowieso anders als gedacht. »Seien Sie spontan« ist natürlich eine paradoxe Aufforderung, denn man kann nicht planen, spontan zu sein. Aber Sie können wahrnehmen, wann und warum Sie spontane Impulse unterdrücken. Meist tun wir dies aus Angst vor Ablehnung. An diesen Ängsten können Sie arbeiten und sich weiterentwickeln. Werden Gespräche weiterhin unbefriedigend verlaufen, werden Missverständnisse und Konflikte entstehen? Sicher werden Sie das, das kann keine Gesprächstechnik verhindern, auch die Gewaltfreie Kommunikation nicht. Aber die Gewaltfreie Kommunikation bietet Ihnen die Mittel, um daraus zu lernen, die Verantwortung für Ihren Teil zu übernehmen – und es beim nächsten Mal vielleicht besser zu machen.

7.6 Wir sind alle gleich – die naive Gewaltfreie Kommunikation

Zur Erinnerung: Die pluralistische Ebene hat viele moderne und wichtige Errungenschaften hervorgebracht: Humanismus, Menschenrechte, Toleranz gegenüber fremden Kulturen, Gleichbehandlung von Mann und Frau, Kinderrechte, Rechte von Tieren, um nur einige zu nennen. Man kann mit gutem Recht behaupten, der Pluralismus hat in einer Welt der Empirie und Rationalität das Humane und Menschliche wieder etabliert. Meine Kritik an der pluralistischen Gewaltfreien Kommunikation muss daher vor dem Hintergrund meiner Anerkennung der Errungenschaften des Pluralismus verstanden werden.

Die Gewaltfreie Kommunikation hat im Laufe der Jahre einige Fehlentwicklungen erfahren, die zum einen die Praxistauglichkeit massiv einschränken und zum anderen eine Weltsicht vertreten, die ich nicht nur für wenig hilfreich, sondern für bedenklich halte. Diese Entwicklung hat vor allem mit dem Verständnis der Gewaltfreien Kommunikation auf der pluralistischen Entwicklungsebene und deren Schattenseite zu tun. Diese Fehlentwicklungen nenne ich die naiv-pluralistische oder einfach naive Gewaltfreie Kommunikation.

Mir ist bewusst, dass meine Einschätzung irritieren kann, vor allem, wenn man Marshall Rosenberg vor Augen hat mit seinem großen Engagement und den berührenden Beispielen seiner weltweiten Friedensarbeit. Ich habe höchste Achtung vor Rosenbergs Werk. Nicht, dass er frei von unbewussten Schattenseiten gewesen wäre, das wäre nicht menschlich, aber meiner Einschätzung nach war Rosenberg in vielen, vielleicht nicht allen, Aspekten über eine naiv-pluralistische Interpretation der Gewaltfreien Kommunikation weit hinaus. Auf einige der hier aufgeführten Missverständnisse und Fallstricke der Gewaltfreien Kommunikation hat Rosenberg selbst in seinen Seminaren immer wieder hingewiesen. Meine Kritik richtet sich nicht an Rosenberg, sondern an die Weiterführung seiner Arbeit durch die bestehenden Organisationen und Trainer.

Das größte Problem der Pluralistischen Entwicklungsebene ist ihre Orientierungslosigkeit. Weil sie sich der totalen Relativität und Gleichwertigkeit aller menschlichen Sichtweisen verschrieben hat, die nichts bewertet und alles für gleich wichtig hält, landet sie in einer verwirrten Naivität, die keine Meinung hat und vermeintlich alles toleriert. Aus dieser Verwirrung heraus sucht sich die pluralistische Gewaltfreie Kommunikation aus den jeweiligen Entwicklungsphasen nur das heraus, was ungefährlich für die eigenen Überzeugungen ist – der Rest wird ausgeblendet. Dieses Muster kann man in vielen Schattenseiten wiederfinden, wenn man es einmal erkannt hat. Aus der magischen Ebene wird das Es-ist-alles-gut-Gefühl gerne übernommen, die Existenzangst wird übersehen. Von der egozentrischen Ebene übernimmt man positive Aspekte wie Selbstwert und Selbstvertrauen, die Kehrseite der Entwicklung wie Egoismus, Narzissmus und Gewalt werden ignoriert, und so weiter.

Die naiv-pluralistische Gewaltfreie Kommunikation befördert damit vor allem die Selbstbezogenheit und kindliche Naivität der magischen und egozentrischen Phase. Das klingt in den Seminarbeschreibungen alles immer schön und leicht und geht bis hin zu überschwänglichen Glücksversprechungen. Die magische Phase ist notwendig für die Vermittlung eines gesunden Urvertrauens, aber ansonsten hat das kindlich-magische Denken in einer erwachsenen Weltsicht nicht mehr viel zu suchen.

Genauso hat der Pluralismus größte Schwierigkeiten die Konsequenzen der Egozentrik anzuerkennen und zu integrieren. Damit meine ich vor allem die Einsicht, dass Egozentrik die Anerkennung von Getrenntheit und das Erkennen von Gut und Böse bedeutet. Der Mensch muss lernen, zwischen dem Guten und dem Schlechten zu wählen. Das Ich ist weder gut noch schlecht, aber es steht zwischen Gut und Böse und muss lernen, sich zu entscheiden. Diese Polarität des Menschen möchte der naive Pluralismus am liebsten ausblenden.

Ähnlich groß sind die Schwierigkeiten des Pluralismus, alle Aspekte der konformistischen Ebene anzuerkennen. Hierbei ignoriert er vor allem die Tendenz zur Konfliktvermeidung und Gruppenkonformität. Es wird gerne von Konflikten als Wachstumschance gesprochen, dabei meidet die naive Gewaltfreie Kommunikation echte Konfrontation und Konflikte wie der Teufel das Weihwasser.

Die Abneigung gegen die rationale Ebene wird deutlich, wenn man in Gruppen eine sachliche Diskussion führen möchte. Dann kommt mit Sicherheit ein Kommentar, dass man nicht so kopfig, sondern aus dem Herzen von seinen Gefühlen und Bedürfnissen sprechen soll. Ein rationaler Diskurs, Analyse und Bewertungen werden als »nicht lebensdienlich« abgewertet. Dabei ist die Fähigkeit, mehrere Perspektiven zu verstehen, sich in andere Menschen zu versetzen und die Überwindung konformistischer Unterdrückung eine Errungenschaft der Rationalität.

7.7 Die größten Missverständnisse

Die Unfähigkeit des Pluralismus, die Leistungen und Fehlentwicklungen der Entwicklungsebenen zu erkennen und zu integrieren, führt zu einigen Missverständnissen in der Gewaltfreien Kommunikation. Wenn Sie selbst noch kaum Erfahrung mit dem gewaltfreien Mainstream haben, werden Ihnen einige Beschreibungen vielleicht übertrieben oder unglaubhaft vorkommen. Meine Intention ist natürlich nicht, Sie abzuschrecken oder die Gewaltfreie Kommunikation schlecht zu machen, ganz im Gegenteil. Ich bin überzeugt, dass Sie durch die Kenntnis dieser Missverständnisse, die Gewaltfreie Kommunikation schneller lernen, leichter integrieren und besser praktizieren werden.

Missverständnis Nr. 1: Bewerten ist schlecht

Eine Variante lebensentfremdender Kommunikation sind moralische Urteile, die anderen Leuten unterstellen, dass sie Unrecht haben oder schlecht sind, wenn sie sich nicht unseren Wünschen gemäß verhalten.

Rosenberg 2001: 29

Die Abneigung gegen Bewertungen, Analysen und Urteilen, ist eines der wesentlichen Merkmale der naiven Gewaltfreien Kommunikation. Moralische Bewertungen werden in der Kommunikation vermieden oder umständlich umschrieben. Gespräche werden dadurch verwirrend, weil die Bewertungen unterdrückt und stattdessen durch die Formulierung von Gefühlen und Bedürfnissen übersetzt werden. Die Aussagen werden dadurch jedoch nicht weniger bewertend, sondern nur unklarer. Statt mir zu sagen »Ich finde deine Ansicht zu einseitig«, was eine Bewertung wäre, formuliert man gewaltfrei »Wenn ich von dir xyz höre, fühle ich mich beengt, weil mir Freiheit fehlt«. Letzteres vermittelt mir gleichermaßen, dass etwas mit mir nicht in Ordnung ist, aber ich weiß nicht, was wirklich gemeint ist. Wenn ich mich dann noch für die Gefühle anderer verantwortlich sehe, höre ich heraus, dass ich meine Gegenüber einenge.

Das umständliche Übersetzen von Bewertungen ist sinnlos und hat nichts mit Gewaltfreier Kommunikation zu tun. Woher kommt dieses Missverständnis? Marshall Rosenbergs erstes Buch *Gewaltfreie Kommunikation – eine Sprache des Lebens* beginnt mit der Unterscheidung verschiedener Kommunikationsformen, die es schwierig machen im Miteinander. Das Thema Bewertungen und die verschiedenen Unterarten wie Analysen, Diagnosen, Vergleiche, Schubladendenken nimmt dabei eine zentrale Rolle ein. Daraus schließen manche Leser, Rosenberg halte Bewertungen, Moral und Ethik für grundsätzlich schädlich – nichts könnte falscher sein. Bei den Fragen um Moral und Ethik wird das große Problem deutlich, vor dem die Gewaltfreie Kommunikation heute steht. Ohne die Anerkennung von Entwicklungsphasen des menschlichen Bewusstseins können wir keine sinnvollen Unterscheidungen verschiedener Ebenen von Moral treffen. Die naiv-pluralistische Gewaltfreie Kommunikation wirft alles in die berühmte Wanne, um es dann zusammen mit dem Kinde (der Moral) auszugießen.

Das kleinste Problem bei dem Versuch, moralische Bewertungen abzuschaffen, ist die Unlogik, die sich schon in der Namensgebung zeigt. Marshall Rosenberg hat Gewaltfreiheit als moralischen Wert für so wertvoll gehalten, dass er seine Methodik danach benannt hat. Darüber hinaus haben wir schon gesehen, dass wir Menschen gar nicht anders können, als alles um uns herum ständig zu bewerten. Erfüllt es meine Bedürfnisse, oder nicht? Das ist die Frage, mit der unser Bewusstsein ständig in die Welt sieht. Wenn wir dies nicht bewusst annehmen, verleugnen wir die Autorenschaft dieser Bewertungen. Gewaltfreie Kommunikation bedeutet, bewusster zu bewerten und nicht, das Bewerten zu vermeiden.

Gandhi und Bin Laden – gleich wertvoll?

Das wirkliche Problem mit der naiv-pluralistischen Einstellung zu Bewertungen ist die Gefahr der völligen Beliebigkeit. Es ist besser, mit Bewusstheit, Klarheit und Verantwortung zu bewerten, anstatt zu behaupten, man würde nicht bewerten. Der Vergleich »Gandhi und Bin Laden« ist provokativ, aber ich nutze ihn, weil ich die unreflektierte Haltung gegenüber

Alle sind gleich!
Gleich gut oder
gleich schlecht?

Bewertungen für die gefährlichste Fehlentwicklung in der naiven Gewaltfreien Kommunikation halte. Sowohl Mahatma Gandhi als auch Osama bin Laden haben mit ihren jeweiligen Mitteln für ihre Überzeugungen und Werte gekämpft. Der eine aus Überzeugung gewaltfrei, der andere mit unfassbarer Brutalität unter Einsatz aller ihm verfügbaren Waffen. Wollen wir beide wirklich als moralisch gleich wertvoll bewerten? Die Konsequenz der naiv-pluralistischen Relativität, die nichts bewertet, führt zur Toleranz dessen, was wir nicht tolerieren sollten.

Die völlige Relativität von Werten führt zu Beliebigkeit und Nihilismus. »Es gibt kein Richtig und kein Falsch«, »Willst du Recht haben oder glücklich sein?«, sind typisch naiv-pluralistische Aussagen. Wenn es aber absolut kein Richtig und kein Falsch gibt, warum soll diese Aussage dann richtig sein?

Relativismus wird in der naiv-pluralistischen Sichtweise als der höchste Wert angesehen. Alles als relativ zu bewerten, wird als besser angesehen, als eine reflektierte moralische Bewertung. Den logischen Widerspruch darin blendet die naiv-pluralistische Gewaltfreie Kommunikation wieder aus.

Rosenberg reflektiert und kritisiert in seinem Buch eine unreife Moral, nicht die Moral an sich. Wir brauchen Bewertungen und müssen die unterschiedlichen Ebenen moralischer Entwicklung anerkennen. Wenn Sie sich an die vorhergehenden Kapitel erinnern, werden Sie erkennen, dass die Werte der Gewaltfreien Kommunikation einer rationalen, pluralistischen oder integralen Entwicklungsebene entsprechen. Davon unterscheiden müssen wir eine egozentrische Moral, die sich nur auf den eigenen Vorteil beschränkt oder eine konformistische Moral, die nur die Mitglieder einer bestimmten Gruppe als wertvoll betrachtet.

Der Virus des Man-darf-nicht-(moralisch)-Bewertens hat sich so tief in der Gewaltfreien Kommunikation festgesetzt, dass man dem vehement widersprechen muss. Gewaltfreie Kommunikation basiert auf der Freiheit des Menschen, auf seiner Selbstverantwortung und auf seiner Fähigkeit zur

Rationalität und Empathie, die die Grundlage eines sozialen, humanen Miteinanders sind. Die Gewaltfreie Kommunikation ist Resultat und Ausdruck einer hohen moralischen Haltung. Dies zeigt sich, indem sie den Bedürfnissen aller Menschen den gleichen Wert zuschreibt und für die Werte von Toleranz, Gleichwürdigkeit und Gewaltfreiheit eintritt. Für ein menschliches Zusammenleben in einer zunehmend globalisierten Welt sind wir auf eine hoch entwickelte Moral angewiesen.

Missverständnis Nr. 2: Worte können verletzen

Haben Sie schon einmal eine Kritik gehört, die Sie getroffen und verletzt hat? Vermutlich, wer hat das nicht. Weil wir aus eigener schmerzlicher Erfahrung wissen, dass Bewertungen wehtun können, hoffen wir, anderen nicht mehr weh zu tun, wenn wir sie nicht kritisieren und bewerten. Das Missverständnis entsteht, wenn wir Auslöser und Ursache der Gefühle verwechseln. Wie Sie schon erfahren haben, ist die Trennung von Auslöser und Ursache von Gefühlen eine wichtige Unterscheidung in der Gewaltfreien Kommunikation. Auslöser von Gefühlen sind die Beobachtungen, in unserem Fall hier also die kritischen oder bewertenden Aussagen. Ursache von Gefühlen sind meine eigenen Bedürfnisse, die wir als erfüllt oder nicht erfüllt bewerten. Die Ursache für die verletzende Kritik, die wir fühlen, sind also nicht die bewertenden Worte, sondern unsere eigenen Bewertungen über unsere Bedürfnisse. Da dieser Bewertungsvorgang sehr schnell und meist unbewusst vor sich geht, bemerken wir ihn nicht. Wenn Sie diese inneren Bewertungsprozesse etwas besser kennenlernen möchten, können Sie eine Übung wie die folgende machen.

Nehmen Sie dazu eine Situation, in der eine erwachsene Person, beispielsweise eine Vorgesetzte oder der Partner Sie verletzend kritisiert oder bewertet hat. Stellen Sie sich diese Situation möglichst lebendig vor und schreiben Sie die Umstände, Emotionen und Worte des Gegenübers möglichst genau auf. Merken Sie, wie Ihre Wut und Verletzung sich wieder melden? Schreiben Sie unzensiert alle Gedanken und Bewertungen auf, die Sie zu dieser Situation haben. Machen Sie eine kurze Pause.

Und jetzt lassen Sie in Ihrer Vorstellung die Situation völlig gleich, auch die Kritik, aber verändern Sie in Ihrer Vorstellung das Alter der Person, die Sie kritisiert hat. Machen Sie aus ihr beispielsweise einen sechsjährigen Jungen oder Mädchen. Schreiben Sie auch jetzt alle Gedanken und Bewertungen auf. Wie fühlen Sie sich mit dieser neuen Vorstellung?

Ich bin ziemlich sicher, dass Ihre Gefühle in der zweiten Situation völlig andere sind als in der ersten. Der Unterschied liegt darin, wie Sie die Kritik bewerten. In der ersten Situation glauben Sie die Kritik, Sie nehmen sie persönlich und interpretieren sie als respektlos, verletzend oder erniedrigend. In der zweiten Situation können Sie die Kritik aus dem Mund eines sechsjährigen Kindes vermutlich weniger ernst nehmen, daher trifft Sie diese auch nicht persönlich.

Wenn Sie jetzt sagen, dieses Beispiel ist konstruiert, dann können Sie die Übung ändern und den zweiten Teil weglassen. Bleiben Sie bei der lebendigen Vorstellung der Situation, in der Sie kritisiert wurden. Fragen Sie sich dann: Warum löst diese Übung, wenn Sie sie durchführen, die gleichen Gefühle aus wie die echte Situation, obwohl die Erfahrung nicht real, sondern nur in Ihrer Vorstellung vorhanden ist?

Diese Übung soll Ihnen deutlicher machen, dass es nicht die kritischen Worte sind, die Ihre verletzten Gefühle hervorrufen, sondern Ihre eigenen Bewertungen und Gedanken, die mit Ihren Bedürfnissen verbunden sind. Wenn Sie Kritik persönlich nehmen, meldet sich Ihr Selbstwert, der verletzt wurde.

Aber Achtung: Ich sage nicht, dass Sie sich nicht verletzt fühlen dürfen, wenn Sie Kritik hören. Ich sage auch nicht, dass Sie Ihre Gefühle einfach kontrollieren können, weil Sie die ja selbst machen. Ich sage auch nicht, dass es egal ist, was man sagt oder wie Kritik formuliert wird, weil der andere für seine Gefühle selbst verantwortlich ist. Was ich sage, ist: Worte können uns nicht verletzen, das können wir nur selbst.

Missverständnis Nr. 3: Es gibt gewaltfreie Worte

Die Gewaltfreie Kommunikation hilft uns bei der Umgestaltung unseres sprachlichen Ausdrucks und unserer Art zuzuhören. Aus gewohnheitsmäßigen, automatischen Reaktionen werden bewusste Antworten, die fest auf dem Boden unseres Bewusstseins dessen stehen, was wir wahrnehmen, fühlen und brauchen.

Rosenberg 2001: 18–19

Dieses Zitat Rosenbergs wird leicht missverstanden und liefert dann scheinbar die Begründung dafür, um die Gewaltfreie Kommunikation als ein Sprachmodell zu verwenden. Die Umgestaltung unseres sprachlichen Ausdrucks wird interpretiert als die Verwendung gewaltfreier Worte und den Ausdruck von Gefühlen, Bedürfnissen und Bitten. Dadurch entsteht der häufig anzutreffende gewaltfreie Sprach- und Schreibstil.

Es sind aber nicht die Begriffe, die unseren Worten Kraft und Wirkung verleiht. Der Unterschied liegt nicht darin, ob wir sagen: »Jetzt leg doch mal Dein Handy weg« oder es gewaltfrei korrekt formulieren: »Ich sehe, du schaust in dein Handy. Ich fühle mich frustriert, weil ich möchte, dass du dich mir zuwendest. Kannst du das Handy weglegen?« Beides kann falsch oder richtig sein, es kommt auf die Intention an. Wollen wir den anderen erziehen oder möchten wir wirklich um Zuwendung bitten?

Um es etwas provokant auf den Punkt zu bringen: das Wort »Arschloch« kann perfekt gewaltfrei sein und es kann zu Eskalation und Gewalt führen. Der Unterschied liegt nicht im Wort »Arschloch« oder einer netteren Formulierung, sondern am Kontext und der Haltung der Beteiligten. Wenn Sie einem guten Freund ehrlich die Meinung sagen möchten und die feste Absicht haben, ein wichtiges Thema zu klären, dann kann »Du hast dich wie ein Arschloch verhalten« ein guter Anfang für ein offenes und ehrliches Gespräch sein. Anderseits kann statt dem Wort »Arschloch« ein gewaltfrei formulierter Satz wie »Du bist heute zum dritten Mal dreißig Minuten nach der vereinbarten Zeit gekommen. Ich bin sehr irritiert, weil mir Verbindlichkeit wichtig ist« ganz schnell zu einem Streit führen, wie wir am Beispiel mit meinem unpünktlichen Freund Peter gesehen haben.

In Rosenbergs Zitat wird deutlich, dass es ihm darum geht, aus unbewussten, automatischen Reaktionen bewusste, reflektierte Verhaltensweisen zu machen, »die fest auf dem Boden unseres Bewusstseins dessen stehen, was wir wahrnehmen, fühlen und brauchen«. Es geht ihm um die Transformation von Bewusstsein, nicht um rhetorische Kosmetik. Unsere Worte verändern sich, wenn notwendig, ganz natürlich und angepasst an den jeweiligen Kontext, wenn wir unser Bewusstsein auf einem neuen festen Boden verankert haben. Das Gewaltpotenzial liegt nicht in den Worten, die wir verwenden, sondern in unserer Haltung und Einstellung, die wir dem anderen Menschen gegenüber einnehmen.

Missverständnis Nr. 4: Worte verändern die Haltung

Es wird manchmal behauptet, Sprache schafft Bewusstsein und deswegen würde eine gewaltfreie Sprache zu einer gewaltfreien Haltung führen. Wie ich gezeigt habe, gibt es keine gewaltfreien Worte, sie können daher kein gewaltfreies Bewusstsein fördern. Wir können durch Arbeit an unseren Schattenseiten eine gewaltfreie Haltung entwickeln und wenn wir aus dieser Haltung heraus sprechen und handeln, beeinflussen wir natürlich das Bewusstsein unserer Mitmenschen.

Dieses Missverständnis wird befördert durch die Tatsache, dass man über die Sprache Rückschlüsse auf die Entwicklungsebene und Haltung von Menschen ziehen kann. Kinder verwenden während der magischen Phase und vor der Entwicklung des Egos ihren eigenen Namen, wenn sie von sich selbst sprechen, anstatt »Ich« zu sagen. Und ein Erwachsener, der ständig von »wir« spricht, hat vermutlich einen stark konformistischen Schwerpunkt. Mit dem Umkehrschluss dieser Beobachtung stimme ich allerdings nicht überein. Ich bin skeptisch, dass über Worte die Bewusstseins- und Entwicklungsebene von Erwachsenen dauerhaft transformiert werden können. Wenn sich jemand antrainiert hat, keine Bewertungen mehr auszusprechen, bedeutet das nicht, dass er keine bewertenden Gedanken mehr hat.

Ich sehe aber einen Funken Wahrheit in dieser Behauptung. In der Erziehung können wir beobachten, dass Eltern ihren Kindern ihre Haltung und Entwicklungsebene auch, aber nicht ausschließlich, über ihre Sprache vermitteln. In der Erziehung stimmt der Satz »Wörter schaffen Bewusstsein« also am ehesten. Wobei auch hier die emotionale Botschaft wohl mehr Wirkung zeigt, als die Worte selbst.

Eine direkte Beeinflussung oder Veränderung der tieferen Wahrnehmungs-, Gedanken- und Verhaltensmuster über die Einführung einer neuen Sprache halte ich für unwahrscheinlich. Wenn wir unsere Haltung verändern möchten, müssen wir an den Entwicklungsthemen aus der eigenen Biografie arbeiten. Hierbei spielen aber vor allem unverarbeitete Gefühle und nicht integrierte schmerzhafte Erfahrungen eine wesentliche Rolle.

Leider hat nicht nur die Bezeichnung »Gewaltfreie Kommunikation« zu diesem Missverständnis beigetragen. Rosenberg hat sich für seine Seminare spezielle pädagogische Methoden einfallen lassen. Bekannt geworden sind seine Handpuppen. Er verwendete den Wolf als Symbol für eine gewalttätige Haltung (Ich bin okay, du bist nicht okay) und die Giraffe als Symbol für eine gewaltfreie Haltung (Ich bin okay, du bist okay). Daher hat sich im deutschsprachigen Raum für die Gewaltfreie Kommunikation auch die Bezeichnung Wolf- und Giraffensprache verbreitet.

So hilfreich diese bildhafte Unterscheidung für das Erlernen der Grundlagen der Gewaltfreien Kommunikation war, so legte sie auch die Basis für ein fundamentales Missverständnis. Die Bezeichnungen »Wolfssprache«, »Giraffensprache«, wie auch »Gewaltfreie Kommunikation« legen nahe, dass es die Worte sind, die die Gewalt in die Kommunikation bringen.

Über die Jahre konnte man auch bei Rosenberg erleben, wie er die Vermittlung der Gewaltfreien Kommunikation weiterentwickelt hat. Giraffe und Wolf stellen ein sehr einfaches zweistufiges Entwicklungsmodell dar, von unbewusstem zu bewusstem Verhalten. In späteren Jahren erkannte Rosenberg, dass die Menschen aus seinem Modell zunehmend ein technisches Sprachmodell machten. Dem wollte er entgegenwirken, indem er sein Modell um eine Entwicklungsebene erweiterte und die sogenannte Straßengiraffe einführte. Mit Straßengiraffe bezeichnet Rosenberg ein Bewusstsein der Gewaltfreien Kommunikation, das frei in der Wortwahl ist und dem Kontext angepasst spricht. Mit einem Kind sprechen wir anders als mit einem Erwachsenen. Die Straßengiraffe hat das Bewusstsein von Verantwortung, Empathie und Freiheit integriert. Sie entspricht im Entwicklungsmodell dieses Buchs der integralen Ebene.

Missverständnis Nr. 5: Gefühle sind immer wahr

Gefühle haben in der Gewaltfreien Kommunikation einen zentralen Stellenwert. Oft werden Gefühle als Wegweiser für eine richtige oder stimmige Entscheidung angesehen. Das Missverständnis entsteht, wenn Gefühle nicht hinterfragt und im Kontext der jeweiligen Biografie verstanden werden. Unsere Gefühle erleben wir immer als wahr, aber das bedeutet nicht, dass sie uns immer objektiv den richtigen Weg weisen. Wenn dies so wäre, gäbe es keine Fettleibigkeit, keine Sucht und keine Verbrechen aus Wut oder Hass. Gefühle sind eine subjektive Interpretation der Umweltreize auf Grundlage der Bedürfnisse. Diese Interpretation kann jedoch objektiv falsch sein.

Die aktuellen Gefühle und Bedürfnisse melden sich aufgrund biografischer Erfahrungen. Wenn ein Kind beim Sprechenlernen häufig korrigiert oder kritisiert wird, kann eine Angst vor dem freien Sprechen zurückbleiben. Im Erwachsenenalter zeigt sich diese Angst möglicherweise als Lampenfieber, wenn man eine Rede halten möchte. Das Gefühl der Angst ist subjektiv wahr und wir müssen es ernst nehmen. Objektiv gibt es aber keinen Grund für die Angst, sie entsteht durch eine falsche Interpretation der Realität.

Die Ursache für diese falsche Interpretation liegt in der kindlichen Erfahrung.

In einer Mediation äußerte eine Mitarbeiterin ihrem Vorgesetzten gegenüber den Vorwurf, dass sie sich durch jeden seiner Blicke abgelehnt fühle. Im weiteren Verlauf der Mediation wurde deutlich, dass der Vorgesetzte sich ihr gegenüber völlig korrekt verhalten hat. Die Gefühle der Klientin waren subjektiv wahr, aber objektiv gab es dafür keinen Grund. Wie sich zeigte, lag die Ursache für ihr Misstrauen nicht beim Vorgesetzten, sondern in kindlichen Erfahrungen mit autoritären Eltern.

Missverständnis Nr. 6: Jeder tut immer das Beste, was ihm zur Verfügung steht

Diese Behauptung geistert durch die Gewaltfreie Kommunikation, seitdem Rosenberg die Geschichte einer Mutter erzählt hat, die ihrem jugendlichen Sohn das Rauchen verbieten wollte. Rosenberg wollte ihr zeigen, wie sie dabei sinnvoll vorgehen kann. Er erklärte ihr, dass ihre abwertende Haltung nur den inneren Widerstand des Sohnes verstärkt. Um sie auf das Gespräch vorzubereiten, gab Rosenberg ihr den Hinweis, ihre Haltung zu überdenken mit dem Hinweis: »Dein Sohn tut das Beste, was ihm zur Verfügung steht.«

Er wollte der Mutter verdeutlichen, dass das Rauchen ein Versuch des Sohnes ist, sich Bedürfnisse zu erfüllen, und dieser Versuch ist legitim. In diesem Sinne war es das Beste, was der Sohn tun konnte. Die Geschichte hat dann, zumindest in Rosenbergs Version, ein gutes Ende, obwohl die Mutter seinen Ratschlag etwas missverstand. Denn sie ging zu ihrem Sohn und meinte: »Okay, Sohn, ich sehe, du tust das Beste, was dir zur Verfügung steht, wenn du rauchst«. Darauf antwortet der Sohn: »Da bin ich nicht so sicher.«

Es ist nicht überliefert, ob der Sohn das Rauchen aufgegeben hat oder nicht, aber darum geht es hier nicht. Rosenberg wollte zeigen, wie man mit dem Jugendlichen in ein Gespräch kommen kann, ohne von Anfang an Widerstand zu produzieren. Die eigene Haltung zu überprüfen ist dafür die wichtigste Voraussetzung. Aber auch mit einer offenen, bewertungsfreien Haltung gibt es keine Erfolgsgarantie, davon können engagierte Erzieher und Eltern renitenter Jugendlicher ein Lied singen. It takes two to Tango – für ein konstruktives Gespräch braucht man zwei. Leider macht die naiv-pluralistische Gewaltfreie Kommunikation aus dieser und ähnlichen Anekdoten unumstößliche Dogmas, die inhaltlich überfrachtet werden.

Die Aussage »Jeder tut immer das Beste, was ihm zur Verfügung steht« ist schlicht und einfach falsch. Das weiß jeder, der sein Verhalten hin und wieder kritisch reflektiert. Menschen entscheiden sich nicht immer für das Beste, was ihnen zur Verfügung steht. Wir tun vielmehr häufig das, was wir gewohnt sind oder am bequemsten finden, um unsere Bedürfnisse zu erfüllen. Wir handeln meist auf Autopilot und denken selten nach, welches Bedürfnis denn gerade wirklich unerfüllt ist oder ob es bessere Wege gäbe. Wir machen Fehler, sind bequem, egoistisch oder rücksichtslos und es wäre naiv, diese Tatsache außer Acht zu lassen. Nur weil eine Handlung Bedürfnisse erfüllt, heißt das noch lange nicht, das Menschen »das Beste tun, was ihnen zur Verfügung steht«.

Missverständnis Nr. 7: Alle Menschen sind gleich und Hierarchien sind schlecht

Weil die naiv-pluralistische Gewaltfreie Kommunikation versucht, Bewertungen, Analysen und Schubladen unter allen Umständen zu vermeiden, bleibt ihr nur der Ausweg in die vermeintlich sichere Aussage »Alle Menschen sind gleich«. Mit dieser Haltung wähnt man sich auf der sicheren Seite, denn wenn man selbst nicht bewertet, werden die anderen einen auch nicht bewerten – hofft man. Diese Haltung ist, wie schon erwähnt, die Ursache für viele der Schattenseiten des Pluralismus. Jeder ist gleich wichtig und muss an Entscheidungsprozessen gleichberechtigt beteiligt werden. Hierarchische Strukturen werden abgelehnt, weil sie Menschen einordnen. Dies führt zu Endlosdiskussionen und verhindert Entscheidungen, weil man niemandem wehtun oder niemanden ausschließen möchte. Der Widerspruch in dieser Haltung wird oft übersehen. »Alle Menschen sind gleich« ist auch eine Analyse und Schublade, die all diejenigen ausschließt, die anders sind als alle anderen.

Das Missverständnis entsteht, weil die naiv-pluralistische Gewaltfreie Kommunikation nicht zwischen einer absoluten und einer relativen Bewertung des Menschen unterscheidet. Die absolute Gleichwertigkeit des Menschen folgt aus der Tatsache, dass wir allen Menschen die gleiche Menschenwürde zusprechen. In der Gewaltfreien Kommunikation zeigt sich diese Gleichheit in der Annahme universell gleicher Bedürfnisse. In dieser Hinsicht sollten wir alle Menschen unabhängig von Alter, Geschlecht, Kultur behandeln. Eine absolute Gleichheit anzustreben und zu unterstützen, halte ich für notwendig und sinnvoll. In relativer Hinsicht sind Menschen jedoch nicht gleichwertig, sondern unterschiedlich in ihren Kompetenzen und Fähigkeiten. Wir haben zwar alle die gleichen Bedürfnisse, aber wir haben unterschiedliche Begabungen, Fähigkeiten und Vorlieben. Wir werden nicht alle gute Ärzte oder Programmierer oder Handwerker. Wenn Sie ein kaputtes Auto haben, fahren Sie damit in die Werkstatt und nicht zum Friseur. Wenn Sie einen entzündeten Blinddarm haben, brauchen Sie einen Chirurgen und keinen Zahnarzt. In absoluter Hinsicht sind alle Menschen gleich wertvoll, in relativer Hinsicht sind Menschen jedoch nicht gleich.

Die pluralistische Gewaltfreie Kommunikation hätte gerne die völlige Gleichheit in relativer Hinsicht. Jeder Mensch soll immer gleich wichtig und wertvoll sein. So hofft man, keine schwierigen und unangenehmen Bewertungen und Entscheidungen treffen zu müssen. Die Kollegin darauf hinzuweisen, dass sie dauernd zu spät kommt oder den Mitarbeiter zu entlassen, der sich standhaft weigert, Absprachen einzuhalten: Solche Entscheidungen sind nicht angenehm, aber in der Realität unvermeidlich.

Missverständnis Nr. 8: Schuld und Scham sind überflüssig

Wir transformieren uns selbst in ein lebensbejahendes System, ohne Vorwürfe, ohne Strafe, ohne Scham, ohne Schuld. Löschen Sie die Schuld aus Ihrem Vokabular und aus Ihrem System.

Homepage einer Trainerin für Gewaltfreie Kommunikation

Die naiv-pluralistische Gewaltfreie Kommunikation betrachtet Schuld und Scham ausschließlich aus einer individuellen Perspektive. Schuld und Scham sind schmerzhafte Gefühle und die möchte man möglichst schnell loswerden. Der naive Pluralismus kennt keine Fehler, kein Richtig oder Falsch, kein Gut oder Böse. Diese Kategorien werden als gesellschaftliche Konstrukte betrachtet, die der Unterdrückung der individuellen Entfaltung dienen. Schuld und Scham sind für den naiven Pluralismus überflüssige Gefühle, die am besten verschwinden sollten. Manche nennen das transformieren, aber meistens geht es einfach darum, sich wieder besser zu fühlen.

Zweifellos leiden viele Menschen unter ungerechtfertigten oder übertriebenen Schuld- und Schamgefühlen und es ist wichtig, ihnen zu helfen, diese Gefühle zu überwinden. Unangemessene Schuld- und Schamgefühle können Menschen seelisch schwer belasten. Ich möchte jedoch auf die Nebenwirkungen hinweisen, wenn wir nicht zwischen angemessener und unangemessener Schuld und Scham unterscheiden. Dafür müssen wir den Blick weg von der subjektiven Perspektive hin zum sozialen Aspekt wenden. Dann erkennt man, dass angemessene Schuld und Scham eine wichtige Funktion erfüllen.

Die Entstehung von Schamgefühlen ist unvermeidlich in der Sozialisierung von Kindern. Schuld und Scham werden oft unterschieden im Hinblick auf die Qualität und den Umfang der inneren Selbstabwertung. Wenn wir uns schuldig fühlen, denken wir, dass wir uns falsch verhalten haben. Wenn wir uns schämen, denken wir eher, dass wir schlechte Menschen sind. Scham fühlt sich vernichtender und schmerzhafter an als Schuld und das weist auch darauf hin, dass sie in unterschiedlichen Entwicklungsphasen entstehen.

Scham entsteht durch die emotionalen Rückmeldungen von Eltern, Erziehern und Lehrern auf ein unerwünschtes Verhalten des Kindes. Das Kleinkind macht an einer unpassenden Stelle sein Geschäft und die Mutter reagiert ungehalten. Das Erschrecken über den Ärger der Mutter, die automatische empathische Reaktion des Kindes, ist unangenehm und schmerzlich. Vermutlich entwickeln sich aus dieser und ähnlichen Reaktionen die kindlichen Schamgefühle. Es lernt, diese Gefühle zu vermeiden, indem es sein Verhalten an die sozialen Regeln anpasst und sein Geschäft dort macht, wo es erwünscht ist.

Angemessene Schuldgefühle haben eine sinnvolle Funktion, wenn Kinder die komplexen Regeln des Zusammenlebens lernen. Schuld braucht ein höheres kognitives Verständnis beim Kind. »Du darfst nicht lügen!«, sagt die Mutter zur Tochter, die sich heimlich ein Eis geholt und dann gelogen hat. Auch hier entsteht eine schmerzliche, empathische Gefühlsreaktion im Kind. Aber Lügen ist ein recht abstraktes Verhalten. Es braucht mehr Zeit und Erklärungen, bis ein Kind versteht, warum es verkehrt ist, zu lügen. Es muss erst in der Beziehung mit den Eltern lernen, dass Lügen das notwendige Vertrauen zwischen Menschen belastet. So lernen Kinder, auch die Bedürfnisse anderer wahrzunehmen und sich bei einem Fehlverhalten zu entschuldigen. Auch bei Schuldgefühlen geht es also darum, dass das Kind eine sozial akzeptierte Form der Interaktion erlernt.

Aus einer evolutionären Perspektive kann man sagen, dass der Mensch in Millionen Jahren lernen musste, sich in immer komplexeren sozialen Strukturen einzufügen. In diesem Kontext spielt der soziale Ausgleich von Geben und Nehmen eine wichtige Rolle und die Entstehung von Scham und Schuld ist dafür eine notwendige Voraussetzung. Wir müssen lernen, wann wir jemandem etwas schuldig sind, und sei es auch nur, freundlich die Hand zu geben oder ein geliehenes Buch wieder zurückzugeben. Angemessene Schuld- und Schamgefühle sind notwendig für eine gesunde Sozialisierung.

Schuld und Scham – Gut und Böse

Die Themen Schuld und Scham führen uns jedoch noch einen Schritt weiter. Ich glaube nicht, dass die Interpretation als soziale Funktion ausreicht, um diesem Thema gerecht zu werden. Der Mensch kann Gut und Böse unterscheiden. Diese Unterscheidungsfähigkeit und -freiheit unterscheidet uns vom Tier und stellt uns vor die Wahl, das Richtige oder Falsche zu tun. Wir können das Falsche wählen und uns dabei schuldig machen, an uns selbst oder an anderen. Wenn wir nicht frei wären, zwischen Gut und Böse zu wählen, dann ergäbe der Schuldbegriff keinen Sinn. Dann wären wir instinktgeleitete Tiere oder programmierte Computer und bräuchten uns um das Thema Schuld oder Scham keine Gedanken zu machen. Vor dieser Wahl zwischen Gut und Böse stehen wir unabhängig von jeder sozialen Zugehörigkeit, sogar wenn wir allein sind. Ich denke, dass Schuld und Scham auch eine gesunde individuelle Funktion haben, die uns hilft, unseren Lebensweg zwischen diesen beiden Polen zu navigieren und unseren Idealen näherzukommen.

Nun kann man sich fragen, warum der Mensch vor die Wahl zwischen diese beiden Pole Gut und Böse gestellt wurde. Oder Sie können diese Freiheit verneinen und damit die Frage nach Gut und Böse als unwichtig oder zu spekulativ abtun. Das halte ich für keine haltbare Position, aber das ist nur meine Meinung. Mit diesen Fragen bewegen wir uns im Bereich der geistigen Entwicklung des Menschen, im Feld der Glaubenssysteme und Religionen. Jeder hat hier seine Ansichten und ich möchte niemandem zu nahe treten oder gar in seinem Glauben verletzen.

Ich glaube, dass wir nicht sinnvoll über den Menschen und seine Entwicklung sprechen können, wenn wir nicht von der Existenz des Guten und des Bösen ausgehen. Ich bin überzeugt, für die geistige Entwicklung des Menschen ist diese Polarität eine notwendige Voraussetzung. Wenige

Hierarchien sind sinnvoll, wenn sie aus Kompetenzen resultieren.

haben dies besser formuliert als der russische Nobelpreisträger Alexander Solschenizyn, Autor von *Archipel Gulag*: »Die Grenze zwischen Gut und Böse verläuft durch das Herz eines jeden Menschen.«

Das Gute ist ohne das Böse nicht denkbar. Es gibt kein Licht ohne Schatten, keinen Anfang ohne Ende, kein Leben ohne Tod. Die reale Welt besteht aus Polaritäten. Und nur indem wir beide Pole anerkennen und uns mit ihnen befassen, lernen wir, diese ausgewogen in unsere Entwicklung zu integrieren.

In diesem Kontext sehe ich auch die Gewaltfreie Kommunikation als einen Versuch, das Gute zu vermehren. Wenn nun die naiv-pluralistische Gewaltfreie Kommunikation versucht, Schuld loszuwerden, dann negiert sie eine Seite der Polarität – dadurch verschwindet aber sofort auch die andere Seite. Es gibt keine Unschuld ohne Schuld, kein Gut ohne Böse. Für eine gesunde Entwicklung des Menschen brauchen wir beide Aspekte.

So mündete, um nur ein Beispiel zu bringen, die Moralentwicklung des Menschen in ausgeklügelte Rechtssysteme, die sich um die Fragen von Richtig und Falsch, Schuld und Unschuld und um einen angemessenen Ausgleich bemühen. Ich behaupte nicht, dass alle Rechtssysteme diese Aufgabe immer gut erfüllen, manche meinen sogar, dass Recht und Moral wenig miteinander zu tun hätten. Dennoch bin ich überzeugt, dass es ohne menschliche Moral, also ohne die Fähigkeit, Gut und Böse, Schuld und Unschuld unterscheiden zu können, kein funktionierendes Rechtssystem gäbe – und diesen Zustand möchte ich mir nicht vorstellen, geschweige denn erleben.

Nirgends zeigt sich die Selbstüberschätzung einer naiv-pluralistischen Gewaltfreien Kommunikation mehr als bei dem Thema Schuld und Scham. Und nirgends zeigen sich, wie beschrieben, die gefährlichen Konsequenzen einer solchen Selbstüberschätzung. Ihre Anhänger neigen dazu, aus idealistischen Überzeugungen radikale Höhenflüge zu versuchen, die aber in einer schmerzhaften Bodenlandung enden. Im Fall der Frage von Schuld und Scham führt uns die naiv-pluralistische Gewaltfreie Kommunikation nicht in das unschuldige Paradies, sondern in die moral-freie Hölle.

7.8 Alles findet seinen Platz – die integrale Gewaltfreie Kommunikation

Zur Erinnerung: Das integrale Denken erkennt die aufeinander aufbauenden Stufen der menschlichen Entwicklung an. Es versteht die Errungenschaften und Herausforderungen jeder Ebene und weiß von den möglichen Problemen bei dieser Entwicklung. Auf der integralen Ebene erkennen wir, dass wir unseren eigenen blinden Flecken nicht entkommen können, sondern sie integrieren müssen. Diese Erkenntnis ist nicht immer angenehm, Persönlichkeitsentwicklung ist nicht so einfach wie es klingt. Aber es führt kein Weg daran vorbei, wenn wir erkennen, welche emotionalen Wunden und Traumata wir in der Kindheit erfahren haben und wie die unbewussten Muster und emotionalen Energien, die in diesen Schattenseiten agieren, uns im Griff haben und uns auf ungesunde und gefährliche Abwege führen können.

Die integrale Interpretation der Gewaltfreien Kommunikation hat eine entspannte Einstellung zum Thema Bewertungen. Alle Formen der Bewertung, wie analysieren, beurteilen und kritisieren, sind überlebenswichtige Fähigkeiten, die wir von Geburt an lernen und verfeinern. Wir müssen lernen, sicher über die Straße zu kommen und erkennen, ob uns der Verkäufer übers Ohr hauen will. Wir müssen lernen, wie man sich unter Freunden verhält und gegenüber einem Rüpel wehrt. Das soziale Zusammenleben erfordert unzählige Analysen, Bewertungen und Entscheidungen. Je besser wir gelernt haben, uns und andere richtig einzuschätzen, desto besser finden wir uns im sozialen Miteinander zurecht.

Die integrale Ebene realisiert, dass Bedürfnisse nicht immer erfüllt werden können oder müssen. Der Schmerz unerfüllter Bedürfnisse wird als eine Realität des Lebens akzeptiert. Wir wachsen innerlich an Herausforderungen und unerfüllte Bedürfnisse motivieren uns zu Veränderung. Auf dieser Ebene werden die eigenen Bedürfnisse ernst genommen, aber nicht überbewertet.

Hierarchien werden aus der integralen Sicht als eine sinnvolle Abfolge und ein Verschachteln von Lebensprozessen betrachtet. Die Natur zeigt uns, dass die meisten Lebensformen hierarchisch aufgebaut sind. Atome schließen sich zu Molekülen zusammen, diese formen Zellen, welche die Organe eines Lebewesens bilden. Niemand würde behaupten, dass Organe die Zellen und Moleküle unterdrücken. Natürliche Wachstumshierarchien bilden die Grundlage aller Lebewesen. Genauso entstehen viele Hierarchien in der Zusammenarbeit sinnvollerweise aufgrund von Kompetenz und Fähigkeiten. Viele Tätigkeiten benötigen jahrelange Erfahrung und Übung. Eine Gleichstellung von Anfängern und Experten wäre sehr unklug – wer möchte nicht, dass die Operation von dem erfahrensten Chirurgen durchgeführt wird?

Allerdings hat der Mensch auch ungesunde Hierarchien entwickelt, die nicht auf Kompetenz oder Wachstum, sondern auf Unterdrückung und Ausbeutung, also auf Dominanz beruhen. Dominanzverhalten ist ein uraltes Überlebensprogramm in der Natur. Die schönsten, stärksten, klügsten Männchen und Weibchen setzen sich durch, das gilt leider in mancherlei Hinsicht auch für den Menschen. Man denke an Statussymbole, Einkommen, Kleidung, Bildung und Herkunft, all diese Faktoren beeinflussen den sozialen Rang in der Gesellschaft. Aber biologische Programme sind kein Schicksal. Wir haben die Freiheit, damit gemäß unseren Werten umzugehen. Wenn wir Wachstums- und Kompetenzhierarchien akzeptieren, können wir mit Klarheit gegen schädliche oder ungerechte Dominanzhierarchien vorgehen. Dabei müssen wir nur aufpassen, nicht selbst gewaltfrei dominant zu werden. »Die Revolution frisst ihre Kinder« ist eine schmerzhaft wahre Einsicht, die auch für die Gewaltfreie Kommunikation gilt. Wenn wir unsere Schattenseiten nicht integrieren, tauchen sie auf der nächsten Ebene wieder auf.

Die integrale Entwicklungsebene ist die erste Ebene, ab der die Gewaltfreie Kommunikation sinnvoll verstanden wird und eingesetzt werden kann. Das bedeutet nicht, dass jeder diese integrale Ebene erreichen soll oder anstreben muss. Jeder hat das Recht, sich so weit zu entwickeln, wie er oder sie es möchte. Es bedeutet aber, dass jeder, der die Gewaltfreie Kommunikation als Methode der Persönlichkeitsentwicklung einsetzten möchte, die integrale Perspektive zumindest verstanden und besser noch, sie sich durch eigene Erfahrung erarbeitet haben sollte.

8.
Gewaltfreie Kommunikation integrieren

In den vorhergehenden Kapiteln haben Sie die vier Unterscheidungen und die wichtigsten Prinzipien der Gewaltfreien Kommunikation kennengelernt. Die erste Lernphase ist wichtig, damit wir ein gemeinsames Verständnis von den Begriffen bekommen, wenn es jetzt um die Integration der Gewaltfreien Kommunikation geht. In dieser zweiten Lernphase sind Sie mit Ihrer ganzen Persönlichkeit gefragt. Denn Wissen allein reicht nicht, wenn Sie sich persönlich weiterentwickeln oder Ihre Beziehung zu sich selbst und anderen Menschen verbessern möchten.

Bei der Integration geht es darum, die Theorie vom Kopf ins Herz zu bekommen, also das Denken und Fühlen zu vereinen. Die Integration der Gewaltfreien Kommunikation geschieht nicht von selbst. Nur wenn Sie sich intensiv mit den beschriebenen Selbstempathieübungen und der Biografiearbeit befassen, werden Sie sich die Theorie wirklich einverleiben. Die empathische Selbstreflexion, auch Selbstempathie genannt, die Arbeit an Schattenseiten und die Erkundung von unerfüllten Bedürfnissen in der Biografie stehen dabei im Mittelpunkt.

Die Persönlichkeitsentwicklung mithilfe der Gewaltfreien Kommunikation geschieht nicht durch abstraktes Nachdenken, sondern durch Arbeit an konkreten Herausforderungen und Problemen. Sie haben keine Probleme oder Konflikte in Ihrem Leben? Dann haben Sie auch keinen Anlass, etwas zu verändern. Persönlichkeitsentwicklung geschieht durch Reibung, Konflikte und Widerstände. Es ist nicht entscheidend, in welchem Bereich sich diese Probleme zeigen. Geld, Beziehung, Sexualität, Arbeit, Gesundheit oder der nervige Nachbar – fast jedes Thema ist geeignet, um etwas Neues über sich zu lernen und als Mensch zu wachsen.

8.1 Drei Kategorien der Problemlösung

Wenn Sie vor einem Problem stehen, das Sie bisher nicht lösen konnten, haben Sie das Problem vielleicht noch nicht richtig verstanden. Das heißt nicht, dass Sie jedes Problem lösen können. Manche Schicksalsschläge, wie schwere Krankheit, Verlust und Tod, können wir nur akzeptieren und lernen, damit zu leben. Aber viele Herausforderungen lassen sich lösen oder zumindest verbessern. Wenn Sie besser verstehen, wie Ihr Problem entstanden ist, werden Sie eher an der richtigen Stelle nach einer Lösung suchen. Sonst geht es Ihnen wie dem Betrunkenen, der seinen Schlüssel in der Nacht verloren hat und ihn unter einer Laterne sucht. Auf die Frage eines Passanten, ob er sicher ist, dass er ihn dort verloren hat, meint er »Nein, aber hier ist Licht.«

Jede Problemlösung fällt in eine der drei Kategorien, die wir als Transformation, Translation und Regression bezeichnet haben. Zur Erinnerung: Transformation bedeutet ein Wachstum über die Entwicklungsebenen (erwachsener werden), Translation ist das Lernen auf der jeweiligen Ebene (schlauer werden), und Regression ist der Rückschritt zu früheren Entwicklungsstufen (aufgeben). Um ein Problem zu lösen, hilft es, herauszufinden, ob es durch mehr Wissen (Translation) oder durch Persönlichkeitsentwicklung (Transformation) gelöst werden kann. Manchmal braucht man auch eine Kombination, dennoch ist es wichtig, die Kategorien klar zu unterscheiden, weil sie sehr unterschiedliche Lösungsmethoden verwenden.

Ich möchte es Ihnen durch ein Beispiel verdeutlichen. Nehmen wir an, Sie haben Übergewicht und Ihr Arzt rät Ihnen abzunehmen. Nun kann es sein, dass Sie sich nur von Junkfood ernähren und keine Ahnung von gesunder Ernährung haben. Ihr Arzt erklärt Ihnen, wie eine gesunde Ernährung aussieht, wie viel gesünder und fitter Sie sein werden und so weiter. Sie gehen nach Hause, stellen problemlos Ihre Ernährung und Lebensweise um und nehmen ein paar Kilo ab. In diesem Fall hat Ihnen für Ihre Problemlösung nur Informationen und Wissen gefehlt. Das Problem ließ sich durch Translation lösen.

Nun sehen wir uns eine andere Ausgangslage für das gleiche Problem an. Auch hier gehen Sie zum Arzt und er gibt Ihnen alle Informationen. Sie wissen jetzt, dass Sie sich ungesund ernähren. Sie wissen auch, wie eine gesunde Ernährung aussähe und dass es gesünder wäre, abzunehmen. Aber leider können Sie Ihre Finger nicht von Junkfood und Süßigkeiten lassen. Sie können nicht Nein sagen zu der Ernährung, von der Sie wissen, dass sie schlecht für Sie ist. In diesem Fall werden Ihnen auch noch mehr Information und Wissen nicht weiterhelfen. Ein unvernünftiger Teil in Ihnen lässt Sie immer wieder zu ungesundem Essen greifen. Nur wenn Sie es schaffen, diesen inneren Entscheidungsprozess zu verändern, werden Sie Ihre Ernährung gesünder gestalten. Dafür ist ein Entwicklungsprozess nötig, der die Gefühle und Bedürfnisse bewusst macht, die Sie sich durch ungesundes Essen zu erfüllen suchen. Diese ungesunden Entscheidungen werden in einem unbewussten, inneren Dialog entschieden, in dem uns Gefühle steuern, deren Herkunft wir anfangs nicht verstehen. Das sind die noch nicht erwachsenen Anteile in uns, hinter denen kindliche Erfahrungen und Glaubenssätze stehen. In diesem Fall lässt sich Ihr Problem also nur durch Transformation lösen.

Die meisten Menschen, die ein Problem lösen möchten, haben dafür schon viele Lösungsversuche unternommen. An Informationen fehlt es in vielen Fällen nicht. Wir müssen verstehen, dass Entscheidungen von unbewussten inneren Prozessen getroffen werden. Im Alltag ist das auch sinnvoll und funktioniert recht gut. Wir können unmöglich über alle Entscheidungen, die wir treffen, bewusst nachdenken, das würde viel zu lange dauern. Aber wenn wir ein Problem längere Zeit nicht lösen können, brauchen wir einen anderen Ansatz, der uns weiterhilft. Die Unterscheidung von Translation und Transformation ist in diesem Fall sehr hilfreich.

Die empathische Selbstreflexion im Sinne der Gewaltfreien Kommunikation, die ich in diesem Kapitel beschreibe, hat sich dabei schon in vielen Fällen als wirksam erwiesen.

Gewaltfreie Kommunikation bedeutet, bewusster zu bewerten und nicht, Bewertungen zu vermeiden.

8.2 Die Entstehung von Glaubenssätzen

Wie wir im Kapitel Persönlichkeitsentwicklung gesehen haben, entwickeln wir uns im Laufe unseres Erwachsenwerdens durch aufeinander aufbauende Phasen des Bewusstseins und der Wahrnehmung. Jede dieser Entwicklungsphasen ist eine große Herausforderung und nicht immer läuft alles optimal. Auf jeder Stufe können ungelöste Themen, Verletzungen und Fehlentwicklungen entstehen. Erwachsenwerden ist ein Wechselspiel aus dem angeborenen Entwicklungsimpuls des Menschen und der Reaktion der Umwelt, die darauf mehr oder weniger gut eingeht. Wenn ein Kind schlecht versorgt, vernachlässigt oder traumatisch verletzt wird, dann bleibt die Entwicklung dort manchmal stecken. Wurde ein Kind zum Beispiel häufig bestraft, wenn es wütend war, dann lernt es dadurch nicht, mit Wut sinnvoll umzugehen, sondern es wird aus Angst vor Bestrafung jeden wütenden Impuls unterdrücken. Diese Erfahrung vergisst ein Kind sein Leben lang nicht mehr. So wird es dann auch als Erwachsener Schwierigkeiten haben, Aggression und Wut auszudrücken und sinnvoll einzusetzen, wenn es notwendig wäre, beispielsweise um sich zu schützen.

Wenn wir in den kindlichen Entwicklungsphasen eine gravierende, länger andauernde Verletzung oder Kränkung unserer Bedürfnisse erleben, müssen wir diese aushalten und verarbeiten, um damit weiterleben zu können. Als Kind stehen uns dafür nur begrenzte Möglichkeiten zur Verfügung, nämlich ausblenden/verdrängen oder eine stimmige Erklärung für das Erfahrene entwickeln, das heißt wir entwickeln sogenannte Glaubenssätze. Ausblenden bedeutet, dass Kinder die negativen Gefühle, die durch den Mangel oder das Trauma entstehen, so gut es geht unterdrücken und verdrängen. Ein Kind kann diese Gefühle nicht wirklich fühlen, weil dies für den Organismus kaum auszuhalten wäre. Einem Kind fehlen auch noch die intellektuellen Fähigkeiten, die Situation zu reflektieren. Es kann die Verantwortung nicht den Eltern geben, sondern übernimmt diese unbewusst. Häufig entwickeln Kinder aus dieser Überforderung heraus unbewusste Bewertungen über sich. Diese Glaubenssätze sind ein Versuch des Organismus, die Situation zu verarbeiten und einzuordnen. Wenn ein Kind erlebt, dass es nicht gut versorgt ist, könnte es beispielsweise den Glaubenssatz entwickeln »Ich bin wertlos«.

Dieser Glaubenssatz ist, so absurd es klingen mag, ein sinnvoller Weg mit dem Erlebten umzugehen. Da Kinder sehr wenig Einfluss auf ihre Umgebung haben, hilft dieser Glaubenssatz, die Bedürfnisse des Kindes zu regulieren, um sich vor weiteren Verletzungen zu schützen. Wenn ein Kind abgewertet wird, weil es laut, wütend oder traurig ist, dann muss es lernen, diese Verhaltensweisen und Gefühle zu verändern. Der Glaubenssatz »Ich bin wertlos« führt dazu, dass es sich leiser verhalten, weniger auffallen und so vor weiteren Abwertungen geschützt wird. Beide Prozesse, die Verdrängung des Erlebten oder die Entwicklung von Glaubenssätzen laufen unbewusst ab und wir haben darin keine Entscheidungsfreiheit.

8.3 Die Arbeit an Empathielücken

Die Arbeit an emotionalen Verletzungen und Glaubenssätzen geschieht durch eine behutsame, langsame und sorgfältige Untersuchung der mit schwierigen biografischen Erfahrungen verbundenen Gedanken, Gefühlen und Bedürfnissen. Wir nennen dies in der Gewaltfreien Kommunikation empathische Unterstützung, empathische Beratung oder einfach, Empathie bekommen. Diese Entwicklung Rosenbergs ist eine außerordentlich effektive Unterstützung der Persönlichkeitsentwicklung durch die Integration emotional belastender Erfahrungen.

Nach Beratungen haben mir Klienten häufig erzählt, dass es vor allem die besondere Form der Empathie war, die ihnen geholfen hat. Daher habe ich diese Themen, die biografischen Erlebnisse und die entwickelten Glaubenssätze, irgendwann einfach als Empathielücken bezeichnet. Denn es schien so, dass diese Themen im Leben der Menschen zu wenig Empathie erhalten haben und der Prozess wie ein Auffüllen mit Empathie war. Vermutlich ist es vor allem das bewusste emotionale Nacherleben dieser Verletzungen und Glaubenssätze, das so wohltuend ist. Es fehlt also eher Bewusstsein – aber der Begriff »Empathielücke« beschreibt für mich das Phänomen immer noch sehr gut und so habe ich ihn beibehalten. Es wäre genauso richtig, diese emotionalen Verletzungen und Glaubenssätze als Bewusstseinslücken zu beschreiben und die empathische Arbeit als Bewusstseinsarbeit. Aber da der Begriff Bewusstsein sehr unterschiedlich verstanden wird, bin ich bei Empathielücken und Empathie geben/bekommen geblieben.

8.4 Empathielücken sind unvermeidlich

Vielleicht fragen Sie sich, ob es Menschen gibt, die ohne Empathielücken durchs Leben kommen. Die Antwort ist nein und das ist auch gut so. Gleich wie behütet und sicher die Kindheit verlaufen ist, jeder trägt seine emotionalen Wunden davon. Ich glaube nicht, dass Kinder ohne jegliche emotionale Entbehrung oder Verletzung aufwachsen können und das wäre vermutlich auch nicht sinnvoll. Natürlich möchte ich nicht, dass Kinder bewusst verletzt oder vernachlässigt werden. Das führt fast immer zu traumatischen Erfahrungen, die das ganze Leben negativ beeinflussen können. Aber wir müssen unterscheiden zwischen zu vermeidenden Verletzungen und notwendigen Herausforderungen, also zwischen Traumata und Wachstumsschmerzen. Vom Baum zu fallen tut auch weh, aber dem Kind ist mehr gedient, wenn es klettern lernt und den Stolz erlebt, es geschafft zu haben. Ich möchte, dass Kinder befähigt werden, ihr Leben zu gestalten und lernen, mit den unvermeidlichen Herausforderungen umzugehen.

Ein Kind, dem jeder Wunsch von den Augen abgelesen und erfüllt wird, dem jegliche Frustration aufgeschobener oder verweigerter Erfüllung erspart wird, wird nicht lernen, sich in der Welt zurechtzufinden und für sich zu sorgen. Es wird nicht lernen, dass man auch einmal auf Dinge warten muss. Es wird nicht lernen, dass man sich auch einmal anstrengen muss, um etwas zu erreichen.

Möchten Eltern ihre Kinder vor allem beschützen oder möchten sie, dass sie Vertrauen und Selbstsicherheit entwickeln, um mit den Herausforderungen des Lebens umzugehen? Das ist ein zentrales Thema in der Erziehung und es ist eine schwierige Frage, ich habe selbst zwei Kinder. Am liebsten wollen Eltern beides – aber das geht eben nicht immer. Eltern müssen es ertragen, dass die Kleinen beim Laufenlernen tausendmal hinfallen. Laufenlernen ist hier nur das Bild für all die Erfahrungen, die Kinder machen müssen, um daraus zu lernen. Schmerzen, Entbehrungen und Frustration sind dabei unvermeidlich. Die große Herausforderung für Eltern ist, zu entscheiden, welche Erfahrungen sie ihren Kindern unbedingt ersparen müssen.

Viele Menschen mussten schmerzhafte und traumatische Erfahrungen erfahren, die weit über notwendige Wachstumsschmerzen hinausgehen. Ich habe von meinen Klienten schreckliche Geschichten gehört. Auch wenn ich überzeugt bin, dass wir aus jeder Erfahrung etwas lernen können, so würde ich nie versuchen, jemand davon zu überzeugen, doch das Positive darin zu sehen. In Empathielücken und schmerzhaften Erfahrungen können wichtige Erkenntnisse verborgen sein, aber oft sind diese schwer zu finden und manchmal bleibt es eine lebenslange Aufgabe, das Erlebte zu verarbeiten.

8.5 Empathielücken als Quelle von Konflikten und Gewalt

Empathielücken spielen in Konflikten immer eine Rolle. Natürlich haben Konflikte sehr unterschiedliche Ausgangspunkte und Ursachen. Aber die schmerzhaften Gefühle, die einen Konflikt anheizen, verschärfen und manchmal unlösbar machen, ziehen ihre destruktive Energie immer aus alten Erfahrungen und Empathielücken. Wenn jemand durch sein Verhalten oder durch Worte diese Empathielücke berührt oder triggert, kommen die gespeicherten schmerzhaften Gefühle wieder an die Oberfläche. Der

Organismus erinnert sich und wiederholt innerlich das vergangene Erleben. Aber da wir das nicht bewusst wahrnehmen, glauben wir, dass unser Gegenüber die Ursache dieser verletzten Gefühle ist. Wir projizieren unsere Gefühle auf den anderen. Und da der andere nun schuldig ist, uns verletzt zu haben, geben wir uns die Erlaubnis, ihm/ihr auch wehzutun. Diese innere Erlaubnis ist der Beginn von Aggression und Gewalt gegen andere Menschen.

Die psychologische Ursache von Gewalt ist die Projektion der eigenen Verletzungen auf den anderen. Das Konzept der Empathielücken kann Tätern wie Opfern helfen, mit ihren Gefühlen besser zurechtzukommen. Es ersetzt aber in keiner Weise die moralische oder juristische Bewertung einer Tat. Man kann das leicht so missverstehen, dass Täter keine Verantwortung für die Verletzungen ihrer Opfer übernehmen müssten. Das ist damit nicht gemeint. Natürlich gibt es im moralischen oder juristischen Sinne Täter und Opfer. Menschen, die anderen bewusst oder unbewusst Schaden und Schmerzen zufügen, müssen dafür Verantwortung übernehmen, was auch eine Bestrafung in Form von Verurteilung und Gefängnis einschließt, um sie vor sich selbst und andere vor ihnen zu schützen.

8.6 Gibt es typische Empathielücken?

Empathielücken sind sehr individuelle Erfahrungen und für die Integration der Gewaltfreien Kommunikation ist es wichtig, diese selbst in sich zu entdecken. Es führt kein Weg an der Reflexion der eigenen Geschichte und Biografie vorbei. Aber vielen hilft es, wenn sie erfahren, dass sie mit diesen Themen und Herausforderungen nicht allein sind.

In der Kindheit erleben wir viele Situationen, die unsere Bedürfnisse nur unzureichend wahrnehmen oder erfüllen. Das ist unvermeidlich und liegt nicht an mangelhaften Eltern. Es führen auch beileibe nicht alle dieser Situationen zu Empathielücken, die uns später negativ beeinflussen. Ganz im Gegenteil, die Wege, auf denen Kinder eine gesunde Persönlichkeit entwickeln, sind vielfältig und wir sind weit davon entfernt, sie auch nur ansatzweise zu verstehen. Eine ziemlich gesicherte Erkenntnis ist jedoch, dass eine konfliktfreie und übermäßig versorgende Umgebung nicht zu einer gesunden Persönlichkeit führt. Unsere Psyche braucht Grenzen und im gesunden Ausmaß auch emotional herausfordernde Situationen, um sich zu entwickeln.

Aus evolutionären Gründen lernen wir am schnellsten durch Schmerzen, daher ist unsere Psyche gut dafür ausgerüstet, mit Schmerzen umgehen zu können, solange diese nicht in überwältigendem Ausmaß auftreten. Das wirft die Frage auf, was ein überwältigendes Ausmaß an Schmerz ist. Es gibt viele Lebensgeschichten, die mit massiven Traumata belastet sind und die dennoch zu einem erfüllten Leben geführt haben.

Meiner Erfahrung nach fällt es vielen Menschen anfangs schwer, Empathielücken bei sich selbst zu entdecken. Es gibt eine starke Tendenz unserer Psyche, die eigene Kindheit schön zu denken, teils aus emotionalem Selbstschutz, teils, weil man die eigenen Eltern respektiert, wertschätzt und sie schützen möchte. Ich erlebe auch oft, dass Situationen, die uns Erwachsenen als unbedenklich erscheinen, in der Erinnerung von Klienten als emotional dramatische Erfahrungen erlebt werden. Sei es, dass ein kleiner Wunsch nicht erfüllt wurde, der für das Kind in dem Moment gefühlt riesengroß war, sei es, dass das Kind abends in der Obhut eines Babysitters war, aber dann die Eltern vermisst hat. Auch in unauffälligen und objektiv gefahrlosen Situationen können Kinder sich allein, verlassen, überfordert oder bedroht fühlen.

Abgesehen von tatsächlicher Gewalt und Missbrauch, geht es nicht darum, Eltern anzuklagen oder zu verurteilen. Die allermeisten Eltern bemühen sich redlich, ihren Kindern ein gutes Zuhause und eine vernünftige Erziehung angedeihen zu lassen. Dennoch machen Kinder emotional sehr belastende Erfahrungen durch Unachtsamkeit oder Überforderung der Eltern.

Ein typisches Beispiel sind Beziehungsprobleme oder eine Trennung der Eltern. Diese erleben die meisten Kinder, je nach Alter, emotional als sehr belastend und bedrohlich. Die Bedürfnisse der Kinder werden in diesen Zeiten häufig nicht wahrgenommen, geschweige denn erfüllt. Das führt zu Stress, Angst und Einsamkeit. Aber Kinder gehen sehr unterschiedlich mit diesen Situationen um. Manche ziehen sich zurück, andere suchen die Ablenkung. Ich glaube nicht, dass Kinder unbelastet von diesen Erfahrungen bleiben, aber die Art und Weise wie sie diese verarbeiten – und damit auch die Empathielücken, die sie entwickeln – können sehr unterschiedlich sein. Ich denke, dass es auch eine seelische Disposition bei Kindern gibt, die diese Erfahrungen beeinflusst, so etwas wie eine emotionale Vorprägung, die Kinder von Geburt an mitbringen. Die Erfahrung von Fülle und Mangel, Glück und Unglück ist subjektiv. Auch als Eltern müssen wir erkennen, dass wir nicht die Macht haben, unsere Kinder immer glücklich zu machen.

Die Integration von Glaubenssätzen

Wie schon kurz erwähnt, sind Glaubenssätze eine spezielle Form von Empathielücken. Als (negative) Glaubenssätze bezeichnet man unbewusste, abwertende Überzeugungen, die wir sehr früh und unbewusst entwickeln, um eine belastende Situation ertragen zu können. Wenn ich aufgrund von schlechten Erfahrungen in meiner Kindheit die Überzeugung entwickelt habe, dass ich nur liebenswert bin, wenn ich still bin, dann werde ich diese Überzeugung in alle meine Beziehungen tragen, beruflich wie privat. Das heißt nicht, dass ich gar nichts sage, aber ich werde zurückhaltend sein. Ich werde Probleme eher mit mir selbst ausmachen, als sie mit anderen zu besprechen. Wir haben natürlich auch viele positive Glaubenssätze, aber diese machen uns keine Schwierigkeiten, daher beschäftigt man sich nur mit den negativen.

Ich verstehe die Arbeit an Glaubenssätzen als den Versuch, diese sinnvoll in die eigene Biografie zu integrieren. Dazu muss man aus einer erwachsenen Perspektive heraus diesem grundlegenden Lebensgefühl einen stimmigen Platz in der eigenen Biografie geben. Glaubenssätze heißen so, weil wir sie wirklich glauben und uns dessen nicht bewusst sind. Ihre Ursache und Wirkung geht tiefer und ist viel emotionaler als die von normalen Gedanken. Glaubenssätze werden vor allem gefühlt. Ein Glaubenssatz wird aus diesem Gefühl erst, wenn wir mit einem erwachsenen Bewusstsein versuchen, diesem Erleben einen sprachlichen Ausdruck zu verleihen, der sich stimmig anfühlt.

Ich höre manchmal, dass Glaubenssätze im Gegensatz zu einer realen Erfahrung nur Gedanken sind und man diese einfach löschen oder positiv umformulieren könnte. Solche und ähnliche Tipps lese ich regelmäßig in psychologischen Ratgebern. Die Idee ist, einen Glaubenssatz wie »Ich werde nicht geliebt« einfach durch den Satz »Ich bin geliebt« zu ersetzen und mit diesem positiven Satz das Unterbewusstsein neu zu programmieren. Meiner Erfahrung nach funktioniert das nicht und die Entwicklungspsychologie unterstützt diese Sicht. Die meisten Glaubenssätze entstehen im Kind, bevor sie die Sprache korrekt beherrschen. Ein Glaubenssatz wie »Ich werde nicht geliebt« reaktiviert im Erwachsenen die frühen, kindlichen Gefühle. Ob dieser Satz aber wirklich in dieser Formulierung im Unterbewusstsein abgespeichert wurde, ist nicht geklärt und erscheint mir unwahrscheinlich.

Je früher der Glaubenssatz entsteht, desto stärker sind die darin gespeicherten Emotionen. Diese Gefühle können sehr schmerzhaft sein und sich existenzbedrohend anfühlen. Klienten beschreiben oft, dass der Schmerz sich endlos und wie Sterben anfühlt. Das deutet auf die fehlende Zeitwahrnehmung des kindlichen Bewusstseins hin. Diese Gefühle körperlich zu spüren ist notwendig für die Bewusstwerdung und Transformation von Glaubenssätzen. Dadurch wird der Glaubenssatz aber nicht verschwinden, denn er hat ja weiterhin die wichtige Funktion, auf gefährdete Bedürfnisse hinzuweisen. Auch der Ratschlag, den negativen Glaubenssatz einfach gegen einen positiven auszutauschen, ist nicht hilfreich.

Ein Glaubenssatz beschreibt eine unbewusste, gefühlte Realität aus der Kindheit, die innerlich immer noch präsent und real ist. Es geht bei der Arbeit an Glaubenssätzen also nicht um eine Umformulierung. Die positiven neuen Glaubenssätze mögen netter klingen, aber emotional glauben kann man sie nicht. Für die Transformation des Glaubenssatzes ist nicht die genaue Formulierung des Satzes wichtig, sondern das bewusste Nacherleben der gefühlten kindlichen Realität. Die Gewaltfreie Kommunikation verbindet die Arbeit an Glaubenssätzen mit der Bewusstheit über die betroffenen Bedürfnisse. Glaubenssätze entstehen durch den Mangel in der Bedürfniserfüllung des Kindes. Als Erwachsene haben wir prinzipiell die gleichen Bedürfnisse und die Glaubenssätze machen uns dies nur wieder bewusst. Der Vorteil als Erwachsener ist, dass wir nun aktiv Verantwortung für diese Bedürfnisse übernehmen können. Glaubenssätze gehören zu unserer Biografie und können bewusst integriert werden. Vom gelebten Leben kann und muss man nichts löschen.

8.7 Empathielücken integrieren durch Selbstreflexion und Selbstempathie

Nachdem wir geklärt haben, was Empathielücken sind und wie sie entstehen, ist natürlich die Frage offen, wie man daran arbeitet. Wie ich in den Kapiteln zur Persönlichkeitsentwicklung beschrieben habe, steht in der neuen Gewaltfreien Kommunikation die Transformation, also das Erwachsenerwerden im Mittelpunkt. Unbewusste Empathielücken sind mitverantwortlich für unsere Beziehungs- und Verhaltensmuster. Wenn wir diese Muster verändern, also transformieren möchten, geschieht dies im Wesentlichen durch die Bewusstmachung unbewusster Empathielücken. Diesen Prozess der bewussten Arbeit an Empathielücken nenne ich Selbstreflexion oder Selbstempathie.

An dieser Stelle sind zwei Hinweise notwendig. Erstens: Die Selbstreflexion mit Gewaltfreier Kommunikation ist sehr hilfreich, aber sie hat Grenzen. Sie können vieles durch Selbstreflexion allein für sich klären, aber nicht alles. Für manche Themen ist eine empathische Unterstützung durch einen Coach oder Therapeuten notwendig.

Zweitens: Die Selbstreflexion mit Gewaltfreier Kommunikation, die ich hier beschreibe, ist für psychisch gesunde Erwachsene gedacht. Sie kann und soll auf keinen Fall eine notwendige Psychotherapie ersetzen. Wenn Sie eine traumatische (Gewalt-)Erfahrung gemacht haben, brauchen Sie psychotherapeutische Hilfe. Wer sich den Arm gebrochen hat, der geht zum Arzt, wessen Seele gebrochen wurde, der braucht eine Psychotherapie.

Genug der Warnungen. Für die Selbstempathie sind die vier Schlüsselunterscheidungen der Gewaltfreien Kommunikation sehr wichtig: Die Unterscheidung von Beobachtung und Gedanken ist der erste Schritt, um zu verstehen, dass der/die äußere Auslöser/Beobachtung (auch Trigger genannt) nur ein erneuter Weckruf der Empathielücke ist. Die Empathielücke meldet sich über unsere Gefühle, Gedanken und Bewertungen zur auslösenden Situation.

Die erste Unterscheidung von Beobachtung und Gedanken führt Sie schon einmal einen Schritt mehr zu sich selbst – weg von dem, was da draußen passiert ist, mehr hin zu Ihren Gedanken. Diese Gedanken sind wichtig, gerade auch die Bewertungen und Verurteilungen. Je härter diese Bewertungen, desto schmerzhafter und gravierender die entsprechende Empathielücke. Wenn wir innerlich keine passende Empathielücke hätten, würden wir nicht (so stark) emotional reagieren.

Gedanken und Bewertungen sind wichtig

Bitte kommen Sie nicht auf die Idee, diese Gedanken zu zensieren oder zu denken, sie seien nicht gewaltfrei! Natürlich ist es nicht immer hilfreich, alles zu sagen, was man denkt. Aber die Frage »Gewaltfrei, oder nicht?«

lässt sich nicht an den Gedanken und Worten entscheiden. Ihre Gedanken und Bewertungen weisen Sie auf Ihre unerfüllten Bedürfnisse hin. Und Sie lösen unangenehme Gefühle aus. Da wir es leider gewohnt sind, eher zu denken, als zu fühlen, versucht der zweite Schritt im Rosenberg-Modell, uns wirklich bei körperlichen Gefühlen zu halten.

Denn durch die körperlichen Gefühle melden sich die Erinnerungen an unsere Empathielücken, die vergangenen, schmerzhaften Erfahrungen und verletzten Bedürfnisse aus unserer Biografie. Körperliche, authentische Gefühle sind also für die Arbeit an Empathielücken sehr wichtig. Gleichzeitig ist es eine Herausforderung und manchmal auch eine Überforderung, wenn Sie sich selbst Empathie geben möchten. Denn es fällt meistens zu Beginn nicht leicht, wirklich bewusst und lange genug bei belastenden, schmerzhaften Gefühlen zu bleiben.

8.8 Selbstempathie – die wichtigste Praxis

Die folgende Beschreibung zeigt eine der wichtigsten Übungen, die Sie regelmäßig selbst machen können. Es ist eine schriftliche Selbstempathieübung und auch wenn die schriftliche Form vielleicht ungewohnt ist, empfehle ich Ihnen das Aufschreiben sehr. Es verlangsamt den Gedankenstrom und lässt Sie klarer reflektieren. Außerdem ist es eine wichtige Übung, diffuse Gefühle und Gedanken in Worte zu fassen. Diese Übung hat mehrere Schritte, die angegebene Reihenfolge ist wichtig.

1. Schritt: Die Situation

Denken Sie für diese Übung bitte an eine Situation, in der Sie sich über eine Person geärgert haben oder verletzt reagiert haben. Es ist für diese Übung zweitrangig, ob diese Situation für Sie schon geklärt ist oder nicht. Es ist auch nicht wichtig, ob die Situation aktuell ist oder weit in der Vergangenheit liegt. Notieren Sie in zwei oder drei Sätzen eine kurze Beschreibung der Situation.

2. Schritt: Alle Gedanken und Bewertungen
Stellen Sie sich diese Situation vor und gehen Sie innerlich noch einmal durch die Erfahrung. Nehmen Sie Ihr Gegenüber wahr. Wo waren Sie? Was wurde gesagt?

Schreiben Sie jetzt alle Gedanken und Bewertungen auf, die Sie über die andere Person haben, auch die, die sie nicht ausgesprochen haben. Seien Sie unzensiert und offen.

3. Schritt: Ihre Gefühle
Bleiben Sie innerlich in der Situation und schreiben Sie alle Gefühle auf, die Sie bei sich wahrgenommen haben. Dabei werden auch weitere Gedanken und Bewertungen aufkommen, die neue Gefühle hervorrufen – das ist genau richtig. Trennen Sie Gedanken von Gefühlen. Fügen Sie Ihre Gedanken/Bewertungen zu Schritt 2 hinzu und notieren Sie sich hier Ihre körpernahen, authentischen Gefühle. Bleiben Sie bei den Schritten 1 – 3, bis Sie eine gewisse Entspannung wahrnehmen und den Eindruck haben, das Wichtigste zu dieser Situation ist nun aufgeschrieben.

4. Schritt: Die Beobachtung
Nun schreiben Sie die reinen Beobachtungen zu der Situation auf. Was wurde gesagt oder getan? Denken Sie an den Vergleich mit der Video-Aufnahme.

5. Schritt: Die Bedürfnisse
Lesen Sie sich nun alle Gedanken und Bewertungen noch einmal durch und fragen Sie sich: Was sagt mir das über meine Bedürfnisse? Was hätten Sie in dieser Situation also gebraucht, was haben Sie vermisst? Wenn dazu neue Bewertungen/Gedanken kommen wie »Er/Sie hätte … tun sollen«, dann nehmen Sie auch diese als Ausgang für die Frage: Was hätten Sie gebraucht? Schreiben Sie alle Bedürfnisse auf, die bei Ihnen in der Situation unerfüllt waren.

6. Schritt: Noch einmal Gefühle und Bedürfnisse

Nun lesen Sie bitte alle Gefühle aus Schritt 3 noch einmal durch und versuchen Sie, diese körperlich spürbar werden zu lassen. Lassen Sie sich Zeit dafür. Versuchen Sie so gut es geht, diese Gefühle wahrzunehmen. Wo spüren Sie diese Gefühle im Körper? Nun fragen Sie innerlich direkt diese Gefühle: »Welches Bedürfnis drückt mein ... (Gefühl) aus? Was hätte mein ... (Gefühl) gebraucht?« Schreiben Sie auch diese Bedürfnisse auf.

7. Schritt: Und noch einmal Bedürfnisse

Nun lesen Sie sich noch einmal die Bedürfnisse aus Schritt 4 und 5 durch und fragen Sie sich: Wenn alle diese Bedürfnisse jetzt erfüllt wären: Wie würde ich mich dann fühlen? Welche noch tiefer liegenden Bedürfnisse wären dann erfüllt? Wiederholen Sie diesen Schritt, bis Sie innerlich ruhig sind und Sie den Eindruck haben, dass die wichtigsten Bedürfnisse genannt sind.

8. Schritt: Woher kennen Sie diese Gefühle und Bedürfnisse aus Ihrer Biografie?

Nun gehen Sie bitte einmal in Ihre eigene Lebensgeschichte und fragen Sie sich: Kenne ich diese Erfahrung aus meiner Geschichte? Kenne ich diese Gefühle und Bedürfnisse? Mit welchen Menschen ging und geht es mir immer wieder so? Erkenne ich ein emotionales Muster, das sich auch in anderen Situationen wiederholt?

Vielleicht kommen Ihnen Erinnerungen aus Ihrer Kindheit, dann sind diese ein wichtiger Hinweis auf Ihre, der Situation zugrunde liegenden, Empathielücke! Falls Ihnen nicht sofort Erinnerungen kommen, ist das nicht schlimm – diese Übung braucht Zeit und Konzentration. Wiederholen Sie die Übung zu weiteren Situationen. Das Ziel dieser Selbstempathie ist es, Ihren Empathielücken auf die Spur zu kommen, die die Auslöser für Ihre emotionale Reaktion sind. Die auslösende Situation erinnert uns oft nur an diese früheren Erfahrungen.

Vielleicht haben Sie in dieser Übung eine Idee davon bekommen, welche Empathielücken eigentlich hinter der Ausgangssituation stehen. Selbstreflexion und Selbstempathie bedeutet Eintauchen in die eigene Geschichte. Sie bieten einen Raum für die Erforschung bisher unterdrückter oder unbewusster Erfahrungen aus der Kindheit, die einen bis heute emotional prägen oder belasten.

Dieses Erforschen der eigenen Geschichte kann entlastend sein, weil man endlich einmal Raum bekommt, die eigenen Erfahrungen in einem sicheren und wertschätzenden Rahmen zu erzählen. Andererseits ist dies aber auch belastend und anstrengend, da viele bisher nicht gefühlte Gefühle an die Oberfläche kommen. Viele Erfahrungen aus der Kindheit kann man gut alleine oder mit der Begleitung einer erfahrenen Unterstützung bearbeiten. Wenn Ihre Gefühle aber beängstigend sind oder Sie gar nichts spüren, kann die Ursache auch eine traumatische Erfahrung sein, dann ist eine therapeutische und ärztliche Begleitung dringend angesagt.

8.9 Die Lichtseite von Empathielücken

Empathielücken weisen uns auf unverarbeitete emotionale Erfahrungen in unserer Biografie hin. Diese Themen sind, wie ich gezeigt habe, sehr eng mit den Entwicklungsebenen verbunden. Die Erfahrung zeigt, dass sich Empathielücken durch Selbstreflexion weiterentwickeln und wir so auch viele ungeklärte Themen und Probleme lösen können – aber grundlegende biografische Themen wie »Einsamkeit« oder »Selbstwert«, nicht ganz verschwinden. Und das muss es nicht, denn auch Empathielücken haben eine positive Seite, die es zu entdecken gilt. Empathielücken prägen unsere grundlegenden Denk-, Gefühls- und Verhaltensmuster in Bezug auf die Welt und auf andere Menschen. Auch unsere Beziehungsmuster werden dadurch geformt. Und bei allen negativen Aspekten, die das haben kann, zeigt sich dabei immer auch eine positive Seite, eine besondere Fähigkeit oder Eigenschaft, die wir nur aufgrund dieser Empathielücke entwickeln konnten.

Ich selbst zum Beispiel hatte viele schwierige Erfahrungen mit Autoritäten. Ich hatte keine stabile Vaterfigur und das hat eine schmerzliche Empathielücke zu Themen Autorität, Vertrauen und Führung hinterlassen. In der Schulzeit habe ich dann überwiegend ungute Erfahrungen mit männlicher Autorität in Form von respektlosen Lehrern gemacht. Das hat mich noch mehr verängstigt und misstrauisch werden lassen. Ich reagiere heute immer noch mit Misstrauen, wenn ich Männer in Machtpositionen erlebe. Ich verurteile sie schnell, vor allem wenn sie ihre Autorität in meinen Augen missbrauchen, aber mittlerweile merke ich es schneller und kann damit besser umgehen. Heute sehe ich auch die positiven Aspekte dieser Erfahrung. Die Empathielücke, die ich dadurch entwickelt habe, hat mich zum einen dazu gebracht, mich beruflich selbstständig zu machen, um ohne eine Autorität über mir arbeiten zu können. Vor allem hat sie mir eine Empfindsamkeit und Klarheit in Bezug auf gute Autorität und Führung in Teams verliehen, die mir heute in meinem Beruf als Berater sehr hilfreich ist.

Untersuchen Sie Ihre eigene Empathielücke, nachdem Sie sie mit liebevoller und heilsamer Aufmerksamkeit für den darin enthaltenen Schmerz versorgt haben, auch auf einen positiven Aspekt hin. Fragen Sie sich dazu, aus welchem positiven Grund sich die Empathielücke oder der Glaubenssatz gebildet hat. Es gab einen sinnvollen Anlass dafür, denn es war ein Versuch, Ihre Bedürfnisse zu erfüllen oder zu beschützen. Das hat nichts mit naivem positivem Denken zu tun, es erkennt einfach die Tatsache an, dass eine Empathielücke als hilfreiche Reaktion auf eine Herausforderung entsteht. Suchen Sie nach positiven Fähigkeiten oder Eigenschaften, die Sie aufgrund dieser Empathielücke in Ihrem Leben entwickelt haben und vielleicht sogar nutzen können. So können Sie hoffentlich unter allem Schmerz und aller Verzweiflung über das Erfahrene auch ein Stückchen Gold entdecken.

9.
Gewaltfreie Kommunikation leben

Marshall Rosenberg wollte mit seiner Arbeit zu einer gerechteren Welt und einem menschlicheren Miteinander beitragen. Er war weltweit in Krisengebieten tätig und hat nie den Blick davor verschlossen, wie groß das Leid und die Probleme sind.

Wenn ich zum Beispiel gegessen habe und sage, ich bin satt, dann meine ich streng genommen: Der Hunger nach Nahrung im Körper von Marshall Rosenberg ist befriedigt. Aber wenn ich alle Menschen auf dieser Welt im Blick habe, ist mein Bedürfnis nach Nahrung noch nie erfüllt worden, in meinem ganzen Leben noch niemals, nicht annähernd. Das spüre ich ganz deutlich.

Rosenberg 2004: 131

Dieses Zitat zeigt, dass Rosenberg ein weites, in meinen Worten integrales Verständnis von Bedürfnissen hatte. Natürlich waren ihm seine eigenen Bedürfnisse wichtig – wenn er Hunger hatte, aß er ganz gern mal ein Schnitzel mit Pommes. Aber ein rein auf sich selbst bezogenes Verständnis von Bedürfnissen wird Rosenbergs Denken nicht gerecht. Wenn wir alle Menschen auf dieser Welt im Bewusstsein haben, dann muss der Fokus über die eigenen Bedürfnisse hinausgehen. Für eine bessere Welt ist der bewusste Blick auf die eigenen Bedürfnisse ein guter Start, aber für Veränderung und sozialen Wandel reicht das nicht aus.

Gleichzeitig erkannte Rosenberg, dass die meisten Revolutionen mindestens so gewalttätig endeten, wie der Ausgangszustand, zu dessen Verbesserung sie angetreten waren. Der gewalttätige Kampf gegen Feinde war für ihn kein Weg für einen nachhaltigen gesellschaftlichen Wandel. Wenn der Weg des Wandels nicht gewaltfrei ist, wird es das Ergebnis auch nicht sein. Die Gewaltfreie Kommunikation ist Rosenbergs grandioser Beitrag, um diesen Weg konkreter zu machen.

Um den sozialen Wandel geht es im letzten Kapitel dieses Buchs, das der dritten Lernphase gewidmet ist. Sie erinnern sich, die neue Gewaltfreie Kommunikation hat drei Lernphasen: Lernen, Integrieren und Leben.

Gewaltfreie Kommunikation leben bedeutet, sich wieder dem Leben da draußen zuzuwenden. Der Sinn der Gewaltfreien Kommunikation besteht nicht darin, in einer endlosen Selbstreflexion um die eigenen Themen zu kreisen. Wir nutzen die Selbstreflexion, um die eigenen gewalttätigen Impulse zu erkennen und zu transformieren. Aber dies kann auch zu einem egozentrischen Selbstoptimierungstrip werden. Es geht nicht darum, sein Verhalten ständig zu hinterfragen. Es ist eher eine Entscheidung, sich um eine gewaltfrei(er)e Haltung zu bemühen und diese zu leben, so gut es eben geht. Perfektion ist kein sinnvolles Ziel in der Persönlichkeitsentwicklung. Fehler zu machen, ist notwendig für Lernen und Wachstum.

Erfahrungsgemäß verändert sich die Qualität der Selbstreflexion im Laufe der Zeit. Die Themen werden weniger drängend, wenn man einige Baustellen in der eigenen Biografie erkannt und integriert hat. Man muss nicht mehr ständig nach innen schauen, weil man schon weiß, was einen da erwartet. Das heißt auch nicht, dass man weniger emotional wird oder seltener getriggert wird. Der nächste Konflikt, das nächste Problem oder ein Schicksalsschlag warten leider oft nur hinter der nächsten Ecke. Manchmal erscheint alle geleistete Selbstreflexion wie vergessen oder vergeblich. Es scheint, drei Schritte vor und zwei zurückzugehen. Auch wenn Sie auf diesem Weg manchmal verzweifeln, nach einiger Zeit der intensiven Selbstreflexion sind Sie innerlich nicht mehr der oder die Gleiche. Und der eine Schritt vorwärts auf dem Weg ist es doch wert – finden Sie nicht?

9.1 Sozialer Wandel – wo beginnen?

Gewaltfreie Kommunikation leben bedeutet auch, Ihre gewonnenen Einsichten und Fähigkeiten im Alltag aktiv einzubringen. Ich bin sicher, es gibt täglich viele Situationen, in denen Sie das tun können. Das kann ein empathisches Ohr für einen Freund, eine ehrliche Rückmeldung auf die Frage einer Kollegin oder eine Auszeit für sich selbst sein. Wenn Sie sich selbst gegenüber bewusster und empathischer werden, dann nehmen Sie auch immer mehr wahr, wie es Ihren Mitmenschen wirklich geht und was sie brauchen. Daraus entsteht ganz natürlich der Wunsch, anderen Menschen zu helfen – ohne sich selbst dabei zu vergessen.

Das Thema sozialer Wandel ist komplex, daher brauchen wir eine sinnvolle Vereinfachung. Ich beschreibe es oft als die Zwiebel des sozialen Wandels und unterscheide dabei drei Schalen dieser Zwiebel (siehe folgende Abbildung). Im innersten Kern steht das Individuum (das Ich), die nächste Schale repräsentiert die Beziehungen (das Ich und Du) und in der äußersten Schicht sind das soziale Umfeld, Organisationen, Unternehmen und die Gesellschaft (das Wir alle).

In allen drei Ebenen kann man die Ursachen und Symptome von Unbewusstheit, Ungerechtigkeit und Gewalt bearbeiten und so zu einem sozialen Wandel beitragen. Alle drei Schalen sind dabei voneinander abhängig, beeinflussen sich gegenseitig und verlangen nach unterschiedlichen Instrumenten und Methoden, wenn man eine konstruktive Entwicklung fördern möchte. Die Gewaltfreie Kommunikation, wie ich sie hier vorgestellt habe, befasst sich vor allem mit den Zwiebelschalen eins und zwei, dem Individuum und den direkten Beziehungen zu anderen. Aber die Prinzipien betreffen natürlich auch die dritte Zwiebelschale, die sozialen Strukturen, wie Unternehmen und Organisationen.

9.2 Das Ich weiterentwickeln

Die erste Zwiebelschale des sozialen Wandels, die individuelle Seite der Entwicklung habe ich in diesem Buch ausführlich beschrieben. Jeder trägt gute und schlechte Anteile in sich. Es bleibt eine lebenslange Aufgabe, die Balance zwischen diesen beiden Teilen zu halten und sich dabei weiterzuentwickeln. Um uns zu entwickeln, müssen wir uns gleichermaßen mit dem Guten wie dem Schlechten in uns beschäftigen. Es ist kurzsichtig, zu glauben, dass die ausschließliche Konzentration auf das Gute dazu führt,

Die Zwiebel des sozialen Wandels

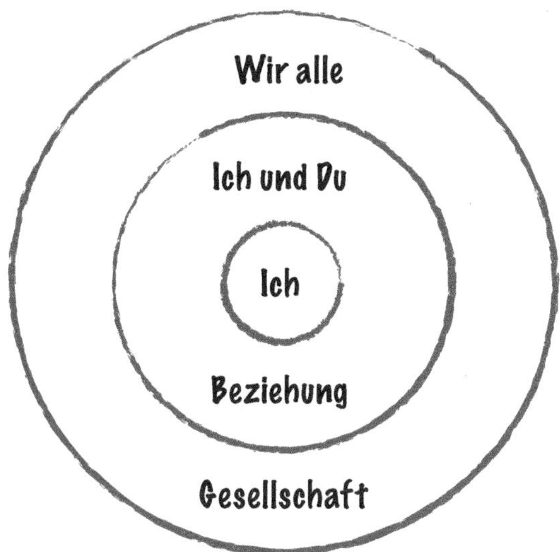

dass das Schlechte automatisch besser wird. In der Gewaltfreien Kommunikation können wir lernen, unsere unguten Anteile besser zu verstehen und die Bedürfnisse bewusst wahrzunehmen, die sich zu erfüllen suchen. Dies ermöglicht uns, eine neue, bessere Wahl zu treffen. Wir sind nicht völlig frei, aber wir können lernen, immer freier zu werden und wir sind aufgerufen, diese Freiheit zu nutzen. Aus meiner Sicht bedeutet das, Verantwortung für sein Leben zu übernehmen und sich sinnvoll in die Gemeinschaft einzubringen.

9.3 Ich-Du-Beziehung gestalten

Die zweite Zwiebelschale ist die Ebene der persönlichen Beziehungen. Natürlich wirkt sich auch schon die Persönlichkeitsentwicklung auf all Ihre Beziehungen aus. Arbeiten Sie an sich selbst und beobachten Sie dann, was sich verändert. Es war für mich oft verblüffend, bei meinen Klienten zu erleben, wie sich eine Beziehung verbessert, wenn einer der beiden seine eigenen Themen klar bekommen hat. Und das gilt für jede Form der Beziehung, privat oder beruflich.

Die bewusste Gestaltung von Beziehungen bringt viele neue Herausforderungen mit sich, weil wir es nicht mehr nur mit einer Person, sondern mit den unbewussten Empathielücken von zwei Personen zu tun haben. Die Empathielücken zeigen sich vor allem, wenn Stress und Konflikte auftreten. Vereinfacht können wir davon ausgehen, dass sich in einem Konflikt vor allem die gegenseitigen Empathielücken treffen (triggern).

Ein Gespräch mit dem Partner kann sich so ganz schnell von einem netten Austausch zu einem heftigen Streit entwickeln. Dafür reicht es schon, dass sie nebenbei bemerkt, wie enttäuscht sie war, als er beim letzten gemeinsamen Restaurantbesuch wieder mal zu müde zum Reden war und er darauf gereizt mit einem Nicht-wieder-diese-Vorwürfe! reagierte. Dann sind innerhalb von Sekunden zwei empfindliche, unbewusste Empathielücken getroffen, die sofort mit Verletzung, Wut und Abwehr reagieren. Sie sieht sich in ihrer alten Wunde getroffen, mit dem Titel »Nie versteht mich jemand«. Und er antwortet aus einem inneren Film mit der Überschrift »Nie bin ich gut genug«. Und nach wenigen weiteren Sätzen hat sich das Paar verbal komplett in einem Streitgespräch verhakt.

In diesem Fall und ähnlichen Fällen empfiehlt es sich, möglichst schnell aus dem Streit auszusteigen, sich gegenseitig eine Auszeit zu geben und zu reflektieren, woher die eigene emotionale Reaktion kommt, was davon mit dem Partner zu tun hat, und was nicht. In dieser Selbstreflexion sind die vier Unterscheidungen der Gewaltfreien Kommunikation wirklich eine große Hilfe. Es ist auch keine Schande, sich einzugestehen, dass man mit diesem Prozess erst einmal überfordert ist und sich Hilfe von außen holt, auch das gehört zur bewussten Gestaltung der eigenen Beziehung. In einer Beziehung sind Sie dauerhaft gefordert, die Verantwortung für Ihren Anteil an der Beziehungsqualität zu übernehmen, im Guten wie im Schlechten. Die Gewaltfreien Kommunikation ist dafür eine gute Voraussetzung, denn Selbstverantwortung ist ja Programm.

9.4 Empathie

Wenn Sie schon einige Selbsterfahrung mit der Gewaltfreien Kommunikation gesammelt haben, können Sie sich und Ihre Empathiefähigkeit auch anderen aktiv zur Verfügung stellen – natürlich nur, wenn dies gewünscht ist. Empathie wird als die wichtigste Fähigkeit für Führungs- und Beratungsaufgaben bezeichnet. Auf jeden Fall ist Empathie das größte Geschenk, das Sie einem Menschen machen können, der mit einer emotional belastenden Situation konfrontiert ist. Jemandem ganz zugewandt und offen zuzuhören, ohne ungewollte Ratschläge oder Ablenkung, ist im wahrsten Sinne des Wortes Seelsorge.

In den bisherigen Kapiteln haben wir uns vor allem mit dem Aspekt der Selbstempathie und Selbstreflexion beschäftigt. Aus gutem Grund, denn je besser Sie sich selbst kennen, umso besser verstehen Sie andere Menschen.

Bevor wir uns mit dem Thema »Empathie für andere« zuwenden, möchte ich den Begriff »Empathie« klarer definieren. Denn es gibt sehr unterschiedliche und teils widersprüchliche Beschreibungen von Empathie, wie beispielsweise:

- Menschen sind immer empathisch.
- Empathie ist immer gut.

- Jeder kann empathisch sein.
- Empathie kann jeder lernen.
- Mit mehr Empathie gäbe es weniger Gewalt.

Nicht jeder dieser Aussagen würde ich zustimmen. So ist Empathie nicht immer gut, man kann sie auch missbrauchen für ungute Zwecke. Wenn Menschen immer empathisch wären, warum sollte man dann Empathie lernen wollen. Die Widersprüche rühren daher, dass nicht klar ist, über welche Empathie man spricht. Ich unterscheide vereinfacht fünf Formen der Empathie, als da sind:

- Empathie als biologische Grundausstattung,
- Empathie als moralischer Wert,
- Empathie als eine Strategie für menschliche Verbindung,
- Empathie als Bedürfnis und
- Empathie als eine Strategie für Entwicklung und Unterstützung.

Empathie als unsere biologische Grundausstattung

Nicht erst seit der Entdeckung der sogenannten Spiegelneuronen weiß man, dass viele höhere Lebewesen und vor allem Säugetiere die Fähigkeit haben, sich in andere Lebewesen hineinzudenken und mitzufühlen. Wenn Sie beispielsweise zusehen müssen, wie sich jemand in einer Autotür die Hand einklemmt, dann zucken auch Sie vor Schmerz innerlich zusammen. Diese Form der Empathie teilen alle Menschen, da sie angeboren und im Gehirn fest verankert ist. Aber das bedeutet nicht, dass wir unsere Empathie nicht auch gezielt steuern und an- oder abschalten können. Das müssen beispielsweise Chirurgen trainieren, die nicht mitleiden dürfen, wenn sie jemanden operieren müssen.

Empathie als moralischer Wert

Wenn wir an Menschen denken, die wir für besonders weise und reif halten, wie den Dalai Lama, den Papst oder Mutter Theresa, erwarten wir, dass sie eine besonders ausgeprägte Empathie in Form des Mitgefühls mit dem

Leid anderer Menschen zeigen. Mitgefühl ist in vielen Religionen als moralischer Wert verankert, im Christentum als Nächstenliebe, im Buddhismus als Mitgefühl mit allen Wesen oder im Islam als Barmherzigkeit. Wir gehen also nicht selbstverständlich davon aus, dass alle Menschen diese Form der Empathie in gleichem Ausmaß entwickelt haben. Tatsächlich ist es so, dass diese Empathie in der Kindheit angelegt werden muss. Sie entwickelt sich nur, wenn die sozialen Umstände es zulassen und fördern. Wir werden in vielen Aspekten durch unsere Umwelt und die Gesellschaft geformt – und Empathie als Mitgefühl ist eine davon. Sie ist sozial geformt und beeinflusst. Manche Menschen entwickeln dabei mehr Mitgefühl als andere, aber auch Erwachsene können sich hier noch weiterentwickeln.

Empathie als Strategie für menschliche Verbindung

Empathie ist immer mit im Spiel, wenn wir ein gutes, vertrautes Gespräch mit einer uns nahen Person führen. Wir teilen etwas, das uns beschäftigt, belastet oder freut. Wir zeigen uns offen und erwarten das auch vom anderen, sonst gerät die Beziehung aus dem Gleichgewicht. Das gegenseitige Aufeinandereingehen und empathische Zuhören ist die Basis für jede Beziehung. In der Partnerschaft ist das gegenseitige Wahrnehmen von Gefühlen und damit in Resonanz zu gehen ein wichtiger Beziehungsgestalter. Diese Form wird oft nicht als Empathie erkannt, sie ist beispielsweise auch die Grundlage von therapeutischen Gesprächen. Daran erkennen wir, dass auch diese Form der Empathie gelernt und verbessert werden kann.

Empathie als Bedürfnis

In Zeiten seelischer Belastung oder Trauer brauchen wir das »Zu-uns-Kommen« für eine bewusste Verarbeitung dieser Erfahrung. Solche Erfahrungen wühlen unsere Emotionen auf und bringen viele verborgene Empathielücken an die Oberfläche. Das kann belastend und beängstigend sein. In diesen Zeiten merken wir, dass wir nicht offen sind für unsere Umwelt. Wir können anderen Menschen kaum zuhören, weil wir zu sehr mit uns selbst beschäftigt sind.

Dies sind Symptome, die darauf hinweisen, dass sich unser Bedürfnis nach Empathie meldet. Empathie als Bedürfnis ist für viele unbekannt, bis sie die Erfahrung gemacht haben, was gemeint ist. Stellen Sie sich vor, Sie haben eine schlechte Nachricht erhalten, vielleicht Ihre Kündigung. Als Sie einem guten Freund davon erzählen, hört er Ihnen aufmerksam zu, bestärkt Sie, zu erzählen was Sie belastet. Er versucht, Ihre Ängste und Sorgen zu verstehen, und sie spüren, dass er ganz für Sie da ist. Danach fühlen Sie sich besser, obwohl die Kündigung nicht aus der Welt ist. Ihr Bedürfnis nach Empathie, das Gefühl wirklich verstanden zu werden, hat sich erfüllt. Die offene Aussprache hilft uns, weil wir unseren Gedanken und Gefühlen freien Lauf lassen können. Auf diesem Weg können wir eine Situation innerlich sortieren, verarbeiten und Lösungswege entwickeln. Wenn dann noch jemand mit einer offenen Haltung und echtem Interesse zuhört, dann ist dies echter Balsam, oder eben Empathie, für unseren Seelenschmerz.

Empathie als Unterstützung

Wenn wir ein Bedürfnis nach Empathie haben, ist es natürlich am besten, wenn wir diese Empathie auch bekommen. Hier wird die Unterscheidung von Bedürfnis und Strategie noch einmal deutlich. Unser Bedürfnis nach Empathie kann auf unterschiedliche Art und Weise erfüllt werden: Durch Meditation, ein gutes Gespräch mit einem Freund oder durch eine Therapie. Es gibt verschiedene Strategien, wie das Bedürfnis nach Empathie erfüllt werden kann. Wenn wir in der Gewaltfreien Kommunikation davon sprechen, Empathie zu geben, meinen wir damit eine bestimmte Qualität, Haltung und Aufmerksamkeit, mit der wir jemandem zuhören. Damit befassen wir uns im nächsten Kapitel.

9.5 Wie lernt man, empathisch zuzuhören?

Wenn wir noch einmal auf die fünf verschiedenen Formen der Empathie schauen, dann geht es jetzt um die letzte Form: Empathie als Unterstützung von Menschen bei der Verarbeitung und Bewältigung emotional belastender Erfahrungen und Situationen. Diese Empathie kann verschiedene Formen annehmen: Ein empathisches Gespräch zwischen Freunden oder eine Sitzung in einer Therapie oder einem Coaching. All diese Formen umfassen das, was wir unter Empathiegeben in der Gewaltfreien Kommunikation verstehen. Auch wenn diese Formen unterschiedlich sind, so haben sie doch einige wesentliche Gemeinsamkeiten, welche die besondere Qualität der Empathie in der Gewaltfreien Kommunikation ausmachen. Die besondere Qualität und Wirksamkeit der Empathie liegt in der Intention, der Aufmerksamkeit und dem Fokus – und nicht in den richtigen Worten.

Die Intention liegt auf der Präsenz und dem Kontakt

Intention ist ein anderes Wort für Haltung. Auch in der Empathie ist der wichtigste Faktor die innere Haltung, mit der Sie jemandem zuhören. Sind Sie wirklich präsent mit der anderen Person oder sind Sie abgelenkt? Vielleicht haben Sie eigentlich gerade keine Zeit zuzuhören, sind müde oder bemerken eine starke eigene Bewertung über das Gehörte. Das können Gründe dafür sein, warum der empathische Kontakt nicht zustande kommt oder erschwert ist. In diesem Fall hilft es nicht weiter, sich besonders anzustrengen oder richtige Worte zu suchen. Besser ist es dann, sich mit den Hindernissen zu befassen, also entweder die Ablenkung zu beseitigen, sich auszuruhen oder Ihre eigenen Empathielücken zu klären, wenn Sie eine starke Bewertung über das Gehörte haben. Die richtige Intention ist für die Empathie entscheidend, sie ist die Basis für alles weitere.

Die Aufmerksamkeit liegt in der Gegenwart

In der Empathie legen wir unsere Aufmerksamkeit darauf, wie es der Person in diesem Moment geht – auch wenn sie eine Geschichte aus der Vergangenheit erzählt. Durch die Erinnerung an die Vergangenheit und das

Eigenverantwortung in Freiheit müssen wir lernen, sie entwickelt sich nicht von selbst.

Mitteilen entstehen Gefühle im Hier und Jetzt. Gefühle sind immer nur in der Gegenwart vorhanden. Die emotional entscheidenden Themen für die empathische Klärung liegen meist in der Kindheit und Jugend. Zentral in der Empathie ist das bewusste Spüren und Erleben authentischer Gefühle. Das ist wichtig, weil Gefühle durch die Interpretation der Bedürfnisse entstehen. Durch die Aufmerksamkeit auf die gegenwärtigen Gefühle kommt die Person in Kontakt mit ihren Bedürfnissen, die vor langer Zeit unerfüllt waren und auch heute als Bedürfnisse vorhanden sind.

Der Fokus liegt auf Gefühlen und Bedürfnissen

Dies ist der spezielle Fokus im Rosenberg-Modell. Wir hören hinter die Geschichten und richten unsere Aufmerksamkeit vor allem darauf, welche Emotionen sich zeigen und welche Bedürfnisse damit verbunden sind. Wenn ich Empathie gebe, gehe ich kaum oder gar nicht inhaltlich auf die auslösende Situation ein. Viel wichtiger sind die inneren Geschichten, also die Gedanken und Bewertungen über die Situation. Diese sind immer mit Gefühlen verbunden und führen somit zu den Bedürfnissen. Der Fokus liegt dabei vor allem auf den Erfahrungen, die besonders gefühlsbetont sind, das heißt meist schmerzvoll, traurig oder mit anderen starken Gefühlen verbunden sind. Die Erfahrung zeigt, dass Empathie vor allem da notwendig ist, wo sich schmerzhafte Erlebnisse oder Glaubenssätze zeigen.

Worte können die Empathie unterstützen

Die Worte stehen in der Empathie an letzter Stelle. Empathie kann auch ohne Worte fließen, wir nennen das stille Empathie. Aber die passenden und stimmigen Worte zur richtigen Zeit können die Empathie vertiefen und weiterführen. Wichtig ist vor allem, dass die Empathie im Kontakt mit den Gefühlen mit echtem Interesse und Mitgefühl fließt, und nicht nur Gefühlsbegriffe unverbunden heruntergeleiert werden. Es macht einen großen Unterschied, wenn Sie ein Gefühl mitfühlend ansprechen. Die Verbindung zu sich selbst ist daher genauso wichtig, wie die Verbindung zum anderen. Empathie für andere setzt Selbstempathie voraus – so schließt sich der Kreis.

Diese Beschreibung soll keine technische Anleitung für Empathie sein, sondern Ihnen eine Idee von einem sehr komplexen Prozess geben, den ich »Empathie geben« nenne. Jemandem empathisch zuzuhören, funktioniert am besten, wenn man möglichst wenig darüber nachdenkt, was man gerade tut. Wichtig ist, dass Sie wissen, welche Faktoren für die Empathie hilfreich sind und dann dem Gesprächsfluss entspannt folgen können. Man kann das mit der Rolle eines Autors vergleichen, der einen Roman verfasst. Der Autor führt uns in eine neue Welt und am Anfang eines Romans ist uns diese Welt völlig fremd, wir verstehen weder die Akteure noch ihre Motive. Die Aufgabe des Autors ist nun, uns diese Geschichte verständlich zu machen. Das heißt, die inneren Motive der handelnden Personen so zu beschreiben, dass wir als Leser sie nachvollziehen können. Wenn die Geschichte spannend ist, nimmt sie weitere Wendungen, die wir nicht vorhersehen. Aber am Ende lösen sich die Unklarheiten und der Roman beschreibt eine sinnvolle und stimmige Geschichte. Wenn der Autor seine Arbeit gut gemacht hat, sehen wir nach der Lektüre die Welt mit anderen Augen und vielleicht entdecken wir eine neue Facette des Lebens.

Die Aufgabe einer empathischen Unterstützung hat etwas von der Arbeit eines Autors. Sie haben einen Menschen vor sich, der Ihnen eine Geschichte erzählt und Sie können ihm helfen, in dieser Geschichte den Sinn zu finden. Wenn es eine wirklich schwierige Geschichte ist, die Verlust, Schmerz, Trauer oder Tod enthält, ist das nicht immer einfach. Die Bedürfnisse sind ein Weg, diesen Sinn wiederzufinden. Denken Sie daran: Hinter Gefühlen stehen immer Bedürfnisse, die verstanden und erfüllt werden möchten. Wenn Sie einem Menschen Empathie geben, helfen Sie ihm, seine Bedürfnisse wiederzuentdecken und zu erkennen, wie er der Mensch geworden ist, der er heute ist. Das ist sicher eines der größten Geschenke, das Sie machen können.

9.6 Wir alle – die Gesellschaft gestalten

Die dritte Schale der Zwiebel des sozialen Wandels betrachtet das große Ganze, die sozialen Strukturen, Organisationen und Gemeinschaften, in denen Menschen sich zusammenfinden. Global betrachtet leben wir heute in der besten aller Zeiten, zumindest nach Kriterien, wie gesunkener Armut, steigender Lebensdauer und besserer Gesundheit. Gleichzeitig stehen wir vor großen Herausforderungen, die sich sowohl ökologisch als auch sozial zeigen. Wir erleben nie gekannten materiellen Reichtum, aber auch den Klimawandel und eine postmoderne Sinnkrise. Die großen Erfolge von Wissenschaft und Wirtschaft führen leider nicht in gleichem Ausmaß zu wachsender gefühlter Sicherheit, Zufriedenheit und Sinnhaftigkeit. Die Probleme werden von vielen beschrieben, aber wo eine Lösung ansetzen kann, scheint noch sehr unklar.

Ich glaube nicht, dass es ausreicht, ausschließlich auf den individuellen Wandel zu setzen, frei nach Gandhis Zitat »Sei der Wandel, den Du in der Welt sehen möchtest«. Individuelle Entwicklung ist wichtig, aber wir brauchen einen sozialen Rahmen, der eine gesunde Entwicklung möglich macht. Früher war die soziale Anpassung an eine überschaubare Stammes- oder Dorfgemeinschaft ausreichend, um ein gutes Leben zu führen. Heute wachsen wir in einer global vernetzten Gesellschaft auf, die nie gekannt Freiheiten bietet, aber auch neue Unsicherheiten mit sich bringt. »Choosing is suffering« (Wählen heißt leiden) war ein beliebter Spruch meines Professors, mit dem er uns auf den negativen Aspekt von Freiheit aufmerksam machen wollte. »Du bist für dein Leben verantwortlich« kann eine Mut machende Perspektive, aber auch eine in die Depression führende Überforderung sein.

Eigenverantwortung in Freiheit müssen wir lernen, sie entwickelt sich nicht von selbst. Dafür brauchen wir den richtigen Rahmen, angemessene Herausforderungen und Unterstützung. Anhand zweier gesellschaftlicher Bereiche, dem Erziehungs- und Bildungssystem sowie dem Arbeitsleben in

Unternehmen und Organisationen, möchte ich dazu einige Hinweise vor dem Hintergrund der Gewaltfreien Kommunikation geben.

9.7 Der Wandel in Familie und Bildung

Erziehung und Bildung haben langfristig den größten Einfluss auf den sozialen Wandel einer Gesellschaft. Die Strukturen, Inhalte und Methoden, in denen unsere Kinder aufwachsen, prägen ihre kognitiven, sozialen und emotionalen Fähigkeiten, mit denen sie später die Gesellschaft gestalten werden. Diese Erkenntnis ist in der Politik von heute leider ein Lippenbekenntnis, denn wenn wir die Pädagogik und Entwicklungspsychologie ernst nehmen würden, sähe das Schulsystem heute völlig anders aus. Ich sehe viele Versuche, die Gewaltfreie Kommunikation im Kontext von Schule und Erziehung einzuführen. Dazu möchte ich deutlich sagen, dass ich kein Freund davon bin, Kindern die Gewaltfreie Kommunikation beizubringen, da es aus entwicklungspsychologischer Sicht eine Überforderung ist. Wie ich beschrieben habe, lernt man Gewaltfreie Kommunikation durch Persönlichkeitsentwicklung und Biografiearbeit. Diese Biografie haben Kinder und Jugendliche erst noch vor sich. Sie sind gerade erst dabei, eine Persönlichkeit zu entwickeln. Natürlich müssen die Bedürfnisse aller Menschen im Erziehungs- und Bildungssystem angemessen beachtet und erfüllt werden. Aber Kinder und Erwachsene sind nicht gleich, auch wenn sie grundsätzlich die gleichen Bedürfnisse haben. Wenn Erwachsene verantwortlich für sich selbst sorgen, dann ist ein wichtiger Schritt getan. Kinder kooperieren prinzipiell mit ihren Bezugspersonen. Je klarer, eigenverantwortlicher und empathischer Erwachsene sich verhalten, desto besser – daran können und werden sich Kinder orientieren. Die erwachsenen Akteure tragen die Verantwortung, eine förderliche Beziehung zu gestalten. Sie müssen ein Vorbild für Eigenverantwortung, Respekt und Empathie geben – nicht die Kinder.

Kinder suchen Orientierung und brauchen (auch) Führung. Dafür müssen Eltern, Erzieher und Lehrer eine authentische Autorität entwickeln, sonst sind sie auf hilflose, autoritäre Macht durch Belohnung und Bestrafung angewiesen. Wenn wir wollen, dass unsere Kinder zu empathischen, sozialen und liebenswerten Menschen heranwachsen, müssen Erwachsene ihnen diese Orientierung geben – sonst finden sie diese bei kaum reiferen Influencern. Es ist die Aufgaben von Erwachsene gesellschaftliche Werte wie Gemeinschaft, Sinn, Gerechtigkeit, Freiheit und Individualität zu vertreten. Dazu müssen sie eine eigene, reflektierte Haltung entwickeln, die sie Kindern vorleben. Kurz gesagt: Erwachsene finden in der Gewaltfreien Kommunikation einen Weg, um die Werte und Haltung zu leben, die sie sich von ihren Kindern wünschen. Lassen wir Kinder bitte Kinder sein.

9.8 Der Wandel am Arbeitsplatz

Viele verbringen mehr Zeit mit ihren Kollegen am Arbeitsplatz als mit ihren Partnern oder der Familie. Da wundert es nicht, dass die Firmenkultur und die Qualität der Arbeitsbeziehungen für das Wohlergehen genauso wichtig sind, wie ein erfüllendes Privatleben. Für eine gesunde Unternehmenskultur und eine gute Arbeitsatmosphäre gibt es kein Patentrezept, aber Unternehmer und Führungskräfte können vieles dafür tun, um diese Bereiche positiv zu beeinflussen. Auch eine integral verstandene Gewaltfreie Kommunikation kann dabei eine wichtige Rolle spielen.

So wie ein Mensch sich in einer funktionalen Familie gesund entwickelt, so fördert auch eine funktionale Unternehmenskultur das Wohlbefinden der Mitarbeiter. Eine solche Unternehmenskultur hat vielfältige Aspekte wie das Werteverständnis des Unternehmens, die Entscheidungs- und Führungsstrukturen und die Arbeitsbedingungen der Mitarbeiter. In all diesen Aspekten kann es ungesunde oder destruktive Einflüsse geben, wie ein fehlendes Konfliktmanagement oder eine demotivierende Führungs- oder Unternehmenskultur.

Die Persönlichkeitsentwicklung des Unternehmers und der Führungskräfte ist eine Investition in die Unternehmenskultur. Mitarbeiter in hierarchischen Strukturen orientieren sich an den Leittieren – unbewusst und unvermeidlich. Die Persönlichkeiten an der Spitze des Unternehmens sind daher prägend und maßgeblich für die Unternehmenskultur. Wenn Unternehmer/Führungskräfte eine kooperative, selbstverantwortliche Unternehmenskultur fördern möchten, müssen sie diese vorleben. Um eine nachhaltige Entwicklung in Gang zu bringen, muss die oberste Unternehmensebene mit der Transformation des eigenen Paradigmas beginnen.

Diese Persönlichkeitsentwicklung durchläuft die gleichen Phasen, die ich hier schon beschrieben habe. Die Ursachen destruktiven Führungsverhaltens liegen immer in der biografischen Entwicklung und lassen sich auch nur dort klären und verändern. Konflikte im Unternehmen können ein ernsthaftes Problem werden. In jedem Unternehmen gibt es Konflikte. Konflikte sind normal und gehören zum Entwicklungsprozess einer Organisation. Wenn Konflikte jedoch dauerhaft auf einer hohen Eskalationsstufe bleiben, kostet dies alle Beteiligten viel Kraft und die Arbeitsmotivation leidet enorm. Die Konfliktklärung gehört in den Verantwortungsbereich der Führung. Erfahrungsgemäß sind Führungskräfte jedoch schnell damit überfordert. Ein etabliertes Konfliktmanagement gehört zu den essenziellen Themen in der Unternehmensentwicklung.

Nicht nur Führungskräfte können demotivieren, auch Unternehmensstrukturen tragen dazu bei. Untersuchungen zeigen, dass viele politisch Interessierte nicht mehr wählen gehen, weil sie ihren Wahlbeitrag als sinnlos erleben. Es sei dahingestellt, ob das Verhalten sinnvoll ist. Die mangelnde Wirksamkeit demotiviert jedenfalls viele. Das Gleiche gilt im Unternehmen. Viele Unternehmen haben mit mangelnder Loyalität und Motivation von Mitarbeitern zu kämpfen. Die Ursache dafür liegt häufig in einer Unternehmensstruktur, die nicht zu den Werten und Erwartungen der Mitarbeiter passt – und nicht bei demotivierten Angestellten.

Es gibt sehr unterschiedliche Unternehmensstrukturen, die sich im Grad der Selbstorganisation versus Steuerung-von-oben unterscheiden. Es gibt kein Modell, das für alle Unternehmen gleichermaßen passt. Sie können einen Feuerwehreinsatz nicht demokratisch führen und in einem jungen Start-up wollen die Mitarbeiter mitbestimmen und sich selbstständig organisieren. Die Unternehmensstruktur muss zu den Menschen und zum Unternehmenszweck passen. Eine integral verstandene Gewaltfreie Kommunikation unterstützt hier die Umsetzung der Unternehmenswerte, die Führungsentwicklung und das Konfliktmanagement.

9.9 See me beautiful

Ich danke Ihnen, liebe Leserin, lieber Leser, dass Sie mich bis zum Ende meines Buchs begleitet haben. Als ich mit dem Schreiben begann, habe ich teils besorgte Rückmeldungen von Freunden bekommen, die befürchteten, man könnte meine Kritik missverstehen. Ich hatte nie das Anliegen, die Gewaltfreie Kommunikation schlechtzumachen, das ist hoffentlich deutlich geworden. Ich zeige auf, wo es Fehlentwicklungen gibt, wie man diese verhindern kann und welche Aspekte man überdenken sollte. Ich wollte zeigen, wie sich eine neue Gewaltfreie Kommunikation wieder an den Prinzipien von Freiheit, Eigenverantwortung und Entwicklung orientieren kann, anstatt Sprachregeln und Selbstzensur einzuführen. Wir können unser Menschsein nur ganz annehmen, diese Botschaft lebte Marshall Rosenberg.

»See me beautiful – look for the best in me.«

Danke, Marshall!

Literaturangaben

Bauer, Joachim (2004): Das Gedächtnis des Körpers – Wie Beziehungen und Lebensstile unsere Gene steuern. Piper, München.

Bauer, Joachim (2008): Das kooperative Gen – Abschied vom Darwinismus. Hoffmann und Campe, Hamburg.

Bauer, Joachim (2006): Prinzip Menschlichkeit – Warum wir von Natur aus kooperieren. Hoffmann und Campe, Hamburg.

Bauer, Joachim (2006): Warum ich fühle, was du fühlst – Intuitive Kommunikation und das Geheimnis der Spiegelneurone. Heyne, München.

Bauer, Joachim (2011): Schmerzgrenze – Vom Ursprung alltäglicher und globaler Gewalt. Karl Blessing Verlag, München.

Bauer, Joachim (2015). Selbststeuerung: Die Wiederentdeckung des freien Willens. Blessing Verlag, München.

Beck, Don Edward, Cowan, Christopher C. (2007): Spiral Dynamics. Leadership, Werte und Wandel: Eine Landkarte für Business und Gesellschaft im 21. Jahrhundert. J. Kamphausen Verlag, Bielefeld.

Bryson, Kelly (2009): Sei nicht nett, sei echt – Ein Gleichgewicht zwischen Liebe für uns selbst und Mitgefühl mit anderen finden. Junfermann, Paderborn.

Flammer, August (2013): Entwicklungstheorien: Psychologische Theorien der menschlichen Entwicklung. Verlag Hans Huber, Bern.

Glasl, Friedrich (2013): Konfliktmanagement. Ein Handbuch für Führungskräfte, Beraterinnen und Berater. Bern/Stuttgart.

Golemann, Daniel; Richard Boyatzis; Annie McKee (2002): Emotionale Führung. Econ, Berlin.

Hart, Sura; V. Kindle Hodson (2006): Empathie im Klassenzimmer – Ein Leben und Lernen, das zwischenmenschliche Beziehungen in den Mittelpunkt stellt. Junfermann, Paderborn.

Hüther, Gerald; Uli Hauser (2012): Jedes Kind ist hochbegabt – Die angeborenen Talente unserer Kinder und was wir aus ihnen machen. Albrecht Knaus Verlag, München.

Keagan, Robert (1986): Die Entwicklungsstufen des Selbst. Fortschritte und Krisen im menschlichen Leben. Kindt Verlag, München.

Kohlberg, Lawrence (1996): Die Psychologie der Moralentwicklung. Suhrkamp Taschenbuch Wissenschaft, Berlin.

McIntosh, Steve (2009): Integrales Bewustsein und die Zukunft der Evolution. Phänomen Verlag, Hamburg.

Peterson, Jordan (2012): 12 Rules for Life: An Antidote to Chaos. Penguin Books, London.

Pinker, Steven (2011). Gewalt – Eine neue Geschichte der Menschheit. Fischer Verlag, Frankfurt am Main.

Rosenberg, Marshall B. (2007): Das können wir klären! Wie man Konflikte friedlich und wirksam lösen kann. Junfermann, Paderborn.

Rosenberg, Marshall B. (2006): Eine Sprache des Friedens sprechen in einer konfliktreichen Welt – Was Sie als nächstes sagen, wird Ihre Welt verändern. Junfermann, Paderborn.

Rosenberg, Marshall B. (2011): Erziehung, die das Leben bereichert – Gewaltfreie Kommunikation im Schulalltag. Junfermann, Paderborn.

Rosenberg, Marshall B. (2012): Gewaltfreie Kommunikation – Eine Sprache des Lebens. Junfermann, Paderborn.

Rosenberg, Marshall B. (2004): Konflikte lösen durch gewaltfreie Kommunikation – Ein Gespräch mit Gabriele Seils. Herder, Freiburg.

Solschenizyn, Alexander (2008): Archipel Gulag, Fischer Taschenbuch, Frankfurt am Main.

Steiner, Rudolf (2011): Die Philosophie der Freiheit, Rudolf Steiner Verlag.

Weinreich, Wulf Mirko (2005): Integrale Psychotherapie, Araki Verlag, Leipzig.

Wilber, Kenneth (2001): Eros, Kosmos, Logos: Eine Jahrtausend Vision. Fischer Taschenbuch, Frankfurt am Main.

Wilber, Kenneth (1997): Eine kurze Geschichte des Kosmos. Fischer Taschenbuch, Frankfurt am Main.

Wilber Kenneth (1996): Mut und Gnade. Goldman Verlag, München.

Wilber, Kenneth (1998): The Marriage of Sense and Soul: Integrating Science and Religion. Random House, New York.

Denis Mourlane
EMOTIONAL
LEADING

Contra!

Iris Zeppezauer
Contra!
Angriffe erkennen. Treffend kontern.
Wirksam durchsetzen.
2. Auflage 2022

240 Seiten; Broschur; 19,95 Euro
ISBN 978-3-86980-572-6; Art.-Nr.: 1107

Egoismus und Intoleranz sind weitverbreitet. Verbale Attacken, um andere lächerlich oder gar mundtot zu machen, sind beliebte Praxis. Doch wer beruflich und privat Position beziehen will, kann nicht dauerhaft jede Konfrontation vermeiden, Angriffe ignorieren und die eigenen Ziele aufgeben.

Aber wie beantwortet man solche Attacken, ohne sich auf das Niveau des Angreifers zu begeben? Wie senkt man die Angst vor der Breitseite und der eigenen Sprachlosigkeit? Wie kontert man mit Leichtigkeit?

Antworten darauf liefert Zeppezauers neues Buch. Gekonnt illustriert es, wie wir Angriffe und Motive durchschauen, die Schockstarre überwinden und angemessen kontern. Anstatt auf aggressive, laute Kommunikationsmuster zu setzen, zeigt dieses Buch, wie wir situativ passend, selbstbewusst und kraftvoll unsere Botschaft platzieren – und so unsere Ziele leichter erreichen.

www.BusinessVillage.de

Gesundes Kommunizieren

Angela Dietz
Gesundes Kommunizieren
Für ein erfolgreiches, wertschätzendes und menschliches Miteinander
6. Auflage 2021

288 Seiten; Broschur; 24,80 Euro
ISBN 978-3-86980-211-4; Art.-Nr.: 910

Die Art, wie wir miteinander reden, hat großen Einfluss auf unsere Lebensqualität. Leider verkehren wir diese Chance täglich unbewusst in ihr Gegenteil: Kommunikation ist zu einem Krankmacher geworden. Im Job wie zu Hause, in der Schule wie in den Medien verwenden wir unsere Kraft auf Missverständnisse, Rechtfertigungen und kräftezehrende Monologe, anstatt einander zuzuhören und klare, aufrichtige Botschaften auszusenden, die zu Verständigung und Unterstützung führen. Die Wurzeln des Übels reichen bis in unsere Erziehung und in unser Bildungssystem: Die Wenigsten haben gelernt, wie wir aufrichtige Gespräche führen, Verantwortung für unsere Bedürfnisse übernehmen und Wertschätzung transportieren können. Insbesondere im Geschäftsleben ergeben wir uns in unserem Drang nach Selbstbehauptung einem System von Unachtsamkeit, Vorwürfen und Verletzungen, das jedem gesunden Selbstwert widerspricht.

Die gute Nachricht: Anstatt uns weiter krankzureden, können wir uns auch gesundkommunizieren. In diesem Buch zeigt Angela Dietz, wie wir unsere Bedürfnisse und Gefühle in die Kommunikation zurückholen und einander wieder verantwortungsvoll begegnen können.

Ihr Konzept des gesunden Kommunizierens ergänzt das Rosenberg-Modell der gewaltfreien Kommunikation um eine biologisch fundierte Lebenslogik, die unser Denken und Handeln in Einklang bringt: Selbstverantwortung und Menschlichkeit machen den Einzelnen stark, Führung effektiv und Unternehmen erfolgreich.

www.BusinessVillage.de